LE PÉGNON D'ALGER

OU LES ORIGINES

DU GOUVERNEMENT TURC

EN ALGÉRIE

PAR ADRIEN BERBRUGGER.

> Tout peuple qui ne sait pas trouver
> en lui le commandement et l'obéissance,
> obéira à un autre peuple.
>
> VICO.

PARIS
CHALLAMEL, LIBRAIRE
Commissionnaire pour l'Algérie et l'Orient
30, RUE DES BOULANGERS

ALGER. — FÉVRIER 1860.

Alger — Imprimerie de A. Bourget, rue Sainte, 2.

AU LECTEUR.

—

Si le moment ne paraît pas encore venu d'entreprendre une histoire générale de l'Algérie avec quelque chance d'être exact et complet, on peut au moins en aborder certaines parties sur lesquelles les matériaux sont moins rares et plus explicites que pour les autres.

Ainsi, sans avoir la prétention de donner une histoire proprement dite de la Domination turque, j'ai pu en tracer une esquisse suffisante, au moyen d'études sur les trois monuments d'Alger qui ont vu cette domination naître, se développer et mourir : le Pégnon, la Jénina et la Casba.

Je publie aujourd'hui le Pégnon qui initie le lecteur aux origines de l'établissement turc ; les deux autres parties, — indépendantes de celle-ci, — sont prêtes pour l'impression et ne tarderont pas à suivre. Elles contiendront les révolutions diverses qui ont agité l'Algérie et modifié peu à peu sa forme de gouvernement. Parmi les sujets tout à fait neufs qui s'y trouveront traités, l'histoire de l'établissement français de La Calle ne sera pas le moins digne d'attention, par la nature même du sujet.

ADRIEN BERBRUGGER

Alger, 14 février 1860.

LE PÉGNON D'ALGER

OU LES ORIGINES DU GOUVERNEMENT TURC EN ALGÉRIE.

Le drame politique et militaire dont nous allons entamer le récit a eu pour théâtre principal la portion du quartier de la Marine située en dehors de la porte de France. Il embrasse une période de dix-neuf ans (de 1510 à 1529) et se subdivise naturellement en cinq parties que voici :

1510. — Le comte Pedro Navarro construit la forteresse appelée *Pégnon*, sur l'îlot d'Alger.

1516. — Le corsaire turc Aroudj est appelé à Alger par les habitants.

1516. — Diégo de Vera échoue dans son expédition contre Alger, défendu par Aroudj.

1518. — Hugo de Moncada échoue dans une autre expédition contre Alger défendu par Kheir ed-Din.

1529. — Prise du Pégnon, par Kheir ed-Din.

Pour éviter de couper notre narration par de trop nombreuses digressions, nous donnerons ici, sous forme de préambule, un tableau abrégé du théâtre des évènements que nous avons à raconter, des principaux personnages qui y figurent et des auteurs qui en ont écrit.

Décrivons d'abord le théâtre.

Avant qu'aucun travail humain eût modifié l'œuvre de la nature, on trouvait en face d'Alger, et à portée de flèche, quatre îlots séparés que le géographe arabe, Bekri, indiquait, dans le cinquième siècle de l'Hégire (onzième de notre ère) sous le nom collectif de *Stofla*. Ces massifs rocheux étaient aussi appelés *El Djezaer* (les îles) par les Indigènes, qualification pompeuse qui a donné naissance aux diverses expressions plus ou moins altérées par lesquelles, en Europe, on désigne la capitale de l'Algérie ; telles que Alger, Argel, Algiers, Algieri, etc.

Les trois premiers îlots se suivent de l'Ouest à l'Est ; le quatrième est au Sud du second. De la partie du littoral située en face de ce groupe, — et qui, à cet endroit, se projette fortement vers le Nord — part une série de récifs qui, suivant la direction de la rue actuelle de l'Amirauté, aboutissent au point d'intersection des deuxième et troisième îlots. Une ligne d'écueils moins longue existe encore sous le bâtiment de la Santé. Ces deux lignes et celle des îlots constituaient la charpente de la darse que Kheir ed-Din créa, après la prise du Pégnon, en remplissant, avec les décombres provenant de la partie principale de cette forteresse, les intervalles qu'il y avait entre ces différentes têtes de roches.

Mais il ne faut pas perdre de vue qu'à l'époque où se passent les évènements dont nous avons à entretenir le lecteur, ce travail n'avait pas encore été exécuté et que le mouillage d'Alger se trouvait dans un état tout à fait primitif.

Après avoir décrit le lieu de la scène, il faut indiquer sommairement les principaux acteurs.

En première ligne, se présente le cardinal Ximenès de Cisneros, archevêque de Tolède, régent de l'Espagne, après la mort du roi Ferdinand (23 janvier 1516) et jusqu'à l'arrivée dans la péninsule de don Carlos, plus connu sous le nom de Charles-Quint.

Le cardinal Ximenès sera illustre dans la postérité, ne fût-ce que par sa pensée d'arracher l'Afrique septentrionale à la barbarie musulmane pour y faire triompher le christianisme et la civilisation. Si après avoir pris Mers-el-Kebir, Oran et Bougie, après avoir dompté Alger par la construction du Pégnon, il échoua devant l'audace et le bonheur de deux pirates, Aroudj et son frère Kheir ed-Din, c'est surtout parce qu'obligé de combattre en Espagne les prétentions féodales des grands et les exigences démocratiques du peuple, il usa dans ces luttes intestines les forces qu'il voulait employer à la conquête de l'Afrique.

Le comte Pedro Navarro fut le bras de Ximenès dans ses opérations militaires, à Oran, Bougie et Tripoli. C'est lui qui mata les corsaires d'Alger en bâtissant une forteresse, le Pégnon, à portée de mousquet des murs de leur ville, sur l'îlot que nous avons décrit. Le premier, il employa la mine avec succès à l'attaque des places ; brave, actif, intelligent et rusé, aucun capitaine de son temps n'entendit mieux que lui la guerre des siéges et l'art des fortifications. Jeté dans le service de la France par l'ingratitude du roi Ferdinand, il mourut en 1528, très peu de temps avant la destruction de la forteresse qu'il avait construite avec tant de soin sur l'îlot d'Alger.

Diégo de Vera s'était fait remarquer à la bataille d'Albufera, le 24 février 1479, où les Espagnols battirent les Portugais ; il y tua de sa main l'enseigne royal et enleva son étendard. I figura encore honorablement à la prise de Bougie, en 1510. Mariana raconte que, la même année, ayant laissé tout en bon ordre dans cette place, il partit avec la flotte qui se rendait à Djerba. Après le terrible désastre qui mit fin à cette entreprise, on confia à Diégo de Vera la garde de Tripoli avec une garnison de 3,000 hommes. La fin de sa carrière, dans ce qui nous en est connu, ne répondit pas à ces bons antécédents ; car le revers éclatant qu'il essuya devant Alger en 1516 paraît être surtout le résultat de son imprévoyance et de sa témérité.

Hugo de Moncada dont l'expédition contre Alger, en 1518, devait avoir un résultat plus triste encore, est déclaré par Brantôme *le plus vaillant homme du monde ; on a ajouté et des plus méprisables*, nous ne savons pourquoi, dans une note de la *Relation des ambassadeurs vénitiens* (tome 1ᵉʳ, p. 3.)

La *Biographie universelle*, qui ne consacre aucun article à Diego de Vera ne parle pas, dans celui de Moncada, de son expédition d'Alger. Notons, par la même occasion, qu'à l'article Ximenès, elle omet également la prise de Mers-el-Kebir. Ces sortes de lacunes se rencontrent fréquemment, en ce qui concerne les personnages qui ont joué un rôle en Afrique.

Martin de Vargas, le dernier gouverneur du Pégnon, ne nous est connu que par sa défense héroïque de cette place et par la mort cruelle qu'il subit à Alger pour avoir constamment refusé d'embrasser l'islamisme. Il ouvre la longue liste des martyrs chrétiens qui devaient souffrir ici pour leur foi sous la domination turque. MM. Sander Rang et Denis disent, dans leurs notes de la *Fondation de la Régence d'Alger*, qu'il était gouverneur du Pégnon depuis l'origine de cette forteresse. C'est une erreur, car nous verrons bientôt qu'à l'époque de l'expédition de Diego de Vera, en 1516, l'alcade, ou gouverneur, se nommait Mossen Nicolao de Quint.

Nous ne mentionnerons ici que pour mémoire Aroudj et son frère Khéir ed-Din, les deux corsaires qui ont créé le pachalick d'Alger. Ils sont assez connus, au moins d'une manière générale, pour que nous ne leur consacrions pas de plus amples détails dans ce rapide aperçu biographique; notre récit devant d'ailleurs les caractériser suffisamment.

Salem et-Temi, le sultan d'Alger qu'Aroudj fit périr pour usurper son pouvoir, était cheikh de la tribu des Taaleba, branche des Makil, qui étaient venus occuper la Mitidja, par suite d'un accord avec les Beni Mellikeuche, anciens maîtres de ces belles plaines. Sa position de chef d'une tribu nombreuse et puissante, établie pour ainsi dire aux portes d'Alger, lui assurait naturellement une influence sur cette ville. Vers l'époque de la prise de Bougie par les Espagnols, il devint sultan d'Alger sous la suzeraineté castillane. On a dit qu'après sa mort violente, son fils Yahya se sauva à Oran, puis passa dans la péninsule; que le cardinal Ximenès songea à lui faire rendre l'autorité de son père, et que pour ce motif il envoya l'expédition commandée par Diego de Vera, expédition dont le jeune Yahya fit partie. Des documents authentiques que l'on verra plus loin ne parlent pas de ce personnage et disent au contraire que les fils de Salem et-Temi se réconcilièrent avec Aroudj par l'entremise d'un marabout ami de ce corsaire, et dont l'aîné de ces princes avait épousé la fille.

Enfin Sidi Abd er-Rahman el Taalebi, le santon dont on vient de parler, clôt la liste des personnages qui jouent un rôle principal dans notre récit. Ce n'est pas, bien entendu, le marabout auquel est consacrée la jolie Koubba de Bab-el-Oued et qui était mort en 873 (1468), mais un de ses fils ou de ses petits-fils (1). Aroudj et son frère Kheir ed-Din avaient compris très vite de quelle importance il était pour eux — appelés par les indigènes en haine de l'infidèle — de se concilier la bienveillance des marabouts. Celui d'Alger, ville qui était devenue leur centre d'opération, leur capitale, fut naturellement le plus ménagé, le mieux traité ; et on verra qu'ils se trouvèrent très bien de cette politique.

D'après une *chronique arabe*, citée par M Walsin Esterhazy, dans son *Histoire de la domination turque*, Aroudj, libre et paisible possesseur d'Alger après l'échec de Diego de Vera en 1516, songea à donner à son pouvoir une organisation régulière. Le principe constitutif de cette organisation fut la permanence du pouvoir entre les mains des soldats des *odjak*, recrutés en dehors du pays et dans l'exclusion formelle des fils de Turcs, ou Coulouglis, des hautes fonctions du gouvernement. Pour sanctionner son œuvre par une intervention religieuse il en attribua l'idée à notre Sidi Abd er-Rahman el Taalebi, marabout très renommé dans le pays et qui

(1) Sidi Abd er-Rahman el Taalebi, premier du nom, était renommé pour sa science et sa piété ; il a écrit plusieurs ouvrages de théologie, dont deux se trouvent à la bibliothèque d'Alger, ainsi que sa biographie.

aurait ainsi formulé sa pensée politique : « Laissez la mer
« aux gens du pays ; que vos fils ne deviennent jamais *ke-*
« *rassa*, et le pouvoir ne sortira pas de vos mains. »

Par *kerassa* (pluriel de *korsi*, siége), le santon entendait
les cinq hautes fonctions qui donnaient droit au siége d'honneur ou *korsi* et qui sont : pacha, khaznadji, khodjt et khel,
aga et oukil hardj de la marine.

Il faut connaître aussi les auteurs dont la plume s'est
exercée sur le drame que nous allons raconter.

Le premier n'est rien moins que Kheir ed-Din, frère d'A-
roudj, fondateur de la Régence d'Alger. L'ouvrage qu'il avait
dicté en turc à Sinan Chaouche, par ordre de l'empereur Soliman a été traduit en arabe et est connu ici sous le nom de
Razaouat Kheir ed Din. La Bibliothèque possède une copie
de cette version sous le numéro 942. Lorsque Venture de
Paradis, secrétaire interprète du Roi, fut envoyé à Alger, en
1788, par M. de La Luzerne, ministre de la marine, pour
coopérer au succès d'une négociation qui intéressait la tran-
quillité du commerce et de la navigation, les circonstances
rendirent son séjour ici plus long qu'on ne l'avait pensé. Cet
orientaliste en profita pour compléter ses études sur la langue berbère; et c'est probablement à cette même époque
qu'il traduisit le *Razaouat* en français, traduction que MM.
Sander Rang et Denis ont publiée en 1837, sous le titre de
Fondation de la Régence d'Alger, sans savoir quel était le
véritable auteur de cette précieuse chronique locale (1). Il
va sans dire que dans cette espèce d'auto-biographie l'auteur
supprime ou modifie tout ce qui est défavorable à lui ou à
son frère.

Mohammed ben Mohammed, de Tlemcen, a écrit en
1194 (1780), sous le titre de *Zohrat en Nayerat* (la fleur
brillante) un récit des attaques dont Alger a été l'objet de la

_____

(1) V., *Epoques militaires de la Grande Kabilie*, à la page
309, une note sur le *Razaouat*.

part des chrétiens depuis l'origine de l'établissement turc (1516) jusqu'à l'expédition d'O'Reilly en 1775. Il reproduit souvent *in extenso* et mot pour mot le *Razaoual* pour les faits qui ne dépassent pas 1541, époque où s'arrête la chronique de Kheir ed-Din.

M. Alphonse Rousseau a traduit et publié cet ouvrage sous le titre de *Chroniques de la Régence d'Alger* et il a fait cadeau à notre bibliothèque du manuscrit original qui y est enregistré sous le numéro 100.

Francisco Lopez de Gomara, ecclésiastique de Séville, a écrit une *Chronique des Barberousses* qui s'arrête à l'expédition de Charles-Quint, contre Alger, sept ans avant la mort de Kheir ed-Din. Cet ouvrage, publié par l'Académie de Madrid en 1854, est enrichi d'un appendice qui contient 48 pièces inédites relatives aux évènements qui se sont passés en Algérie, à Tunis, et Tripoli, depuis 1516 jusque vers 1540. Ces documents suffiraient seuls pour donner une grande importance à cette publication, ainsi qu'on pourra le reconnaître dans la suite de ce travail et surtout au récit de l'expédition de Don Diego de Vera. Il importe de noter que Gomara est contemporain des faits qu'il raconte.

Diego de Haedo, dans sa *Topographie et Histoire générale d'Alger*, qui va jusqu'en 1596, fournit aussi de précieux renseignements sur l'époque dont nous nous occupons. Dans la deuxième édition de Geronimo, le martyr du Fort des Vingt-Quatre-Heures, l'auteur donne à la page 50 et suivantes, des détails circonstanciés sur cet historien qui n'a fait que mettre en œuvre des matériaux fournis par d'anciens esclaves, lesquels avaient fait un long séjour dans les États barbaresques — surtout à Alger. Il y avait parmi eux des prêtres, des chevaliers, des personnes instruites et intelligentes qui avaient appris la langue du pays.

Dans leur *Histoire de la fondation de la Régence d'Alger*, MM. Sander Rang et Denis donnent des extraits de Sandoval, d'Aranda, etc., ainsi que d'un manuscrit arabe intitulé :

Mahakma ; matériaux où nous avons puisé d'utiles renseignements pour notre travail.

Léon qui a quitté l'Afrique en 1518, alors que la domination turque était encore à ses débuts, fournit peu de détails sur cette période. Il se trouvait à Alger, cependant, lorsque les habitants envoyèrent une ambassade au roi d'Espagne ; il assista à l'échec d'Aroudj devant Bougie. Il connut — c'est lui-même qui le dit — toutes les intrigues par lesquelles le premier Barberousse arriva à ses fins : *j'assistai à toutes ces menées,* a-t-il écrit dans sa description de l'Afrique (p. 270, v⁰). On pourrait lui reprocher d'avoir été trop sobre de développements sur ces intéressantes origines. Mais Alger n'était alors qu'une dépendance de Bougie et les Barberousses des corsaires qui cherchaient un port de refuge. Pouvait-on prévoir que ces hommes fondaient un état qui serait bientôt et longtemps redoutable et que cette ville allait être devenir une imposante capitale (1)?

Marmol Carvajal, natif de Grenade comme Léon l'Africain dont il est l'effronté plagiaire, nous fournit lui-même dans sa préface ces quelques détails biographiques sur sa personne.

Sorti fort jeune de sa ville natale pour assister à l'expédition de Charles-Quint contre Tunis, en 1536 ; après la reddition de la place, il continua de servir cet empereur par toute l'Afrique pendant vingt ans et assista à tout ce qui se fit de grand et de mémorable ; mais, pris par l'ennemi, il demeura sept ans et huit mois captif au Maroc, à Taroudant, Tlemcen, Fez et Tunis. Ce fut alors qu'à la suite du chérif Mohammed il traversa les déserts de Libye jusqu'à Acequia el Hamara (*Saguit el Hamra*), ligne de fond qui forme la limite méridionale du Maroc, alors que ce chérif se rendit maître des provinces de l'Ouest. Il a couru toute la Barbarie et toute l'Egypte. Il possédait, dit-il, assez exactement la langue arabe

(1) V. l'étude biographique sur Jean Léon l'Africain, 2ᵉ volume de la *Revue africaine,* p. 353 et suivantes.

et l'africaine, assertion dont il est permis de douter quand on voit de quelle manière il traduit certaines dénominations locales. Enfin, il dit avoir lu avec beaucoup d'application *tout* ce que les auteurs indigènes ont écrit de leur pays, autre assertion plus douteuse que la précédente et par les mêmes raisons.

En somme, Marmol a pu connaître les témoins des origines de l'établissement turc, ayant été officier dans les armées de Charles-Quint et de son successeur, à partir de 1536; possédant en outre quelque instruction, il doit pouvoir au moins nous bien renseigner sur les affaires des Espagnols en Algérie. C'est en effet une matière assez abondante dans son ouvrage et à peu près la seule qu'il ne vole pas à Léon l'Africain. Nous verrons, cependant, que même sur ce chapitre spécial, il ne faut le consulter qu'avec précaution.

Nous avons aussi fait quelques emprunts à Mariana; mais cet historien nous a fait défaut sur quelques points importants; par exemple, les expéditions de Diego de Vera, de Hugo de Moncada, la prise du Pégnon dont il ne parle pas, sans doute parce que ce sont des souvenirs humiliants pour l'Espagne, et c'est ce qui l'aura décidé à entrer dans la conspiration du silence organisée par le cardinal Ximenès, pour amener l'oubli des évènements défavorables à sa patrie.

§ 1er. SOUMISSION D'ALGER A L'ESPAGNE
CONSTRUCTION DU PÉGNON.
AROUDJ TUE LE SULTAN D'ALGER ET USURPE LE POUVOIR.

Le préambule qu'on vient de lire a préparé suffisamment le lecteur et nous permet d'entrer immédiatement en matière.

Il était écrit qu'Alger devait être, à trois siècles de distance, le champ clos où la civilisation chrétienne viendrait livrer bataille à la barbarie musulmane. Battue en 1516 et 1518, avec Diego de Vera et Hugo de Moncada ; en 1529, avec Martin de Vargas ; et en 1541, avec le grand empereur Charles-Quint, la cause du progrès humanitaire dut ajourner pour longtemps encore ses généreuses espérances. Mais la revanche éclatante et décisive arrive enfin en 1830 ; et l'esprit moderne est demeuré triomphant, en définitive.

Une haute pensée d'avenir avait poussé le cardinal Ximenès à entreprendre la conquête de l'Afrique septentrionale ; mais il ne manquait pas de causes actuelles et pratiques pour l'y encourager ; en voici une et des principales. Les Maures d'Espagne ne pouvaient se résigner à la chute de leur domination dans la péninsule. Des révoltes fréquentes et sérieuses témoignaient de leur impatience à supporter le joug des infidèles, jadis leurs tributaires. Ceux qui pouvaient émigrer se réfugiaient dans les Etats barbaresques (1), surtout en Algérie.

_____

(1) Cette émigration prit, plus tard, des proportions considérables; et, peu après la prise du Pégnon, Kheir ed-Din, profitant de la terreur que ses victoires sur terre et sur mer avaient causée à l'Espagne, enlève, en sept voyages successifs, avec 36 galiotes, 70,000 Maures andalous qu'il établit sur les côtes de Berbérie (Hammer, *Hist. Emp. Ott.* 5, 241).

Là, ils attisaient la haine contre le chrétien, poussaient à la guerre sainte, et allaient même exercer de sanglantes représailles sur le littoral espagnol, soit comme corsaires, soit comme des guides que leur connaissance parfaite des localités rendait aussi utiles à leurs nouveaux alliés que funestes à leurs anciens maîtres.

Le désir d'assurer la sécurité des côtes de l'Espagne, suffisait donc pour justifier les entreprises du cardinal Ximenès, même au point de vue de la politique la plus vulgaire.

Les habitants d'Alger, épouvantés de la rapidité de ses conquêtes, voulurent prévenir l'invasion d'une armée espagnole. Ils dépêchèrent en toute hâte à Bougie — dont le comte Pedro Navarro venait de s'emparer (1510) — des envoyés qui devaient, tant en leur nom qu'en celui des cheikhs de la Mitidja et du Sahel, faire acte de soumission envers le Roi catholique.

Le 31 janvier 1510, ces délégués signèrent une capitulation par laquelle ils reconnaissaient la suzeraineté de l'Espagne, s'engageaient à lui payer un tribut annuel, promettaient de rendre tous les esclaves chrétiens et de n'avoir désormais d'autres amis et ennemis que ceux du roi Fernando. Ils stipulaient, même, que le sultan d'Alger irait rendre hommage en personne au monarque chrétien, au pied de son trône. En effet, Salem et-Temi (1) alla trouver Don Fernando à Burgos, accompagné du roi de Ténès, qui s'était soumis aux mêmes conditions. Tous deux y vinrent avec de riches présents et cent trente esclaves chrétiens dont ils avaient brisé les chaînes. Mariana, en racontant cette soumission des habitants d'Alger, rappelle que leur ville était auparavant la terreur de l'Espagne et qu'elle était devenue riche de ses dépouilles.

---

(1) Un auteur prétend que Salem fut fait sultan par l'Espagne. Il est plus probable que l'Espagne le trouva installé en cette qualité et se contenta de l'y reconnaître.

C'est alors que, pour assurer les effets de ce traité, le comte Pedro Navarro, conquérant de Bougie, vint construire à grands frais et avec une merveilleuse promptitude, sur le principal îlot d'Alger, la forteresse qui reçut le nom de *Pégnon* (1) à cause de la base *rocheuse* qui la supportait. Cette citadelle était destinée à tenir la population indigène en respect, à prévenir la piraterie et à assurer la perception du tribut annuel. Son emplacement est clairement précisé par ce passage du *Zohrat en-Nayerat*, chronique indigène dont nous avons parlé plus haut et dont on doit la traduction à M. Alphonse Rousseau, consul de Djedda (2) :

« Il existait, au lieu même où l'on voit aujourd'hui la tour du « phare (l'auteur écrivait en 1780), *deux* ouvrages fortifiés oc- « cupés par les chrétiens. Plus tard, lorsque ces forteresses « tombèrent *toutes deux* au pouvoir de Kheir ed-Din, il n'en « conserva qu'une et fit servir les matériaux de l'autre à la « construction de la jetée qui est encore debout. Le fortin « conservé est celui qui sert de base à la tour du phare. « (p. 16.)

Nous avons cru pouvoir substituer le mot *jetée* à celui d'*a-queduc* que M. Alphonse Rousseau emploie dans sa traduc-tion ; parce qu'il est évident qu'il s'agit ici de la jetée dite de Kheir ed-Din (aujourd'hui, rue de l'Amirauté); et que le mot *kantra*, qui figure dans le texte, se prête d'ailleurs très bien à notre interprétation.

Ainsi, la citadelle dite *le Pégnon* se composait de deux ouvrages, dont le plus considérable a fourni les matériaux avec lesquels on a comblé les intervalles entre les îlots et les écueils, tandis que l'autre, conservé jusqu'à nos jours, au moins partiellement, supporte la tourelle du phare.

Un passage de la chronique de Gomara, que nous rappor-

---

(1) *Penon*, augmentatif de *pena*, signifie *gros rocher* en es-pagnol.
(2) Sous le titre de : *Chronique de la Régence d'Alger*. Al-ger 1841.

terons en son lieu, semble indiquer que le comte Pedro Navarro avait aussi construit un château en terre ferme.

Mais on verra que c'est une assertion très contestable.

A l'époque où nous sommes arrivés, l'Espagne avait donc
fait d'importantes conquêtes sur tout le littoral barbaresque ;
et il semblait que rien ne pouvait arrêter sa marche victo-
rieuse. C'était alors une nation riche et forte, tandis que
l'Afrique septentrionale, déchirée par une longue anarchie,
s'était morcelée en une foule de petits États. L'Europe songeait à toute autre chose qu'aux affaires d'Afrique, et la Berbérie (1) était devenue radicalement impuissante. Mais il suffit d'un méprisable caillou pour faire verser le plus glorieux
char de triomphe ! L'Espagne allait rencontrer cette pierre
d'achoppement là où certes elle était loin de l'attendre.

Le 23 janvier 1516, le roi Fernando était mort. Les gens
d'Alger se rappelèrent alors que d'après les us et coutumes
de la diplomatie musulmane, un traité se périme par le décès
d'une des parties contractantes. D'ailleurs, cette citadelle
élevée à portée de mousquet de leurs remparts était à la fois
une humiliation et une gêne. C'était une épine dans leur
cœur, comme disent les chroniques locales ; aussi, ils avisèrent aux moyens de s'en délivrer le plus promptement possible.

Deux aventuriers turcs avaient acquis à cette époque une
brillante réputation par des entreprises presque toujours
heureuses contre les chrétiens. C'était Aroudj (2) et son frère Kheir ed-Din, si connus en Europe sous le nom de Barberousse. Voici ce que dit Hammer sur leur origine (t. V, p.
257), d'après l'*Histoire des guerres maritimes*, d'accord en
cela avec le *Razaouat*.

_____

(1) *Berbérie*, ce mot si commode pour remplacer l'équi-
voque *Barbarie* et les périphrases *États barbaresques, Afrique septentrionale, Afrique du Nord*, etc., n'est pas même un
néologisme. On le rencontre dans les vieux auteurs à qui
nous ne nous faisons aucun scrupule de le reprendre.

(2) Dans quelques chroniques, ce nom est écrit *Ouroudj*.

« A la suite de la conquête de Midillu (Mytilène), dans
l'île de Lesbos, faite par Mohammed II (1462), le sipahis
roumiliote Yakoub de Yenidjé Ouardar s'était fixé dans cette
le avec ses quatre fils, Ishak, Ouroudj (qui devint Aroudj),
Khidr (nommé plus tard Kheir ed-Din-Barberousse) et Elias.
Le premier se fit commerçant ; les trois autres, sous le règne de Bayezid II et de Sélim Ier, se livrèrent à la piraterie
en déguisant leurs courses sous le prétexte d'un commerce
maritime. Dans un combat contre les chevaliers de Saint-
Jean, *Elias* périt et Ouroudj fut fait prisonnier ; mais ce dernier fut peu après rendu à la liberté par l'entremise du prince Korkoud, alors gouverneur des côtes de la Karamanie. »
(*Hist. de l'Emp. Ottoman*, t. V, p. 257).

A la page suivante, Hammer raconte la mort d'Ishak, tué
par les Espagnols, à la prise de Kalaa des Beni Rachid. L'année d'après (1518), Aroudj périt à son tour sur la frontière
du Maroc. Kheir ed-Din, resté seul de ces quatre frères,
mourut, dans son château du Bosphore, le 4 juillet 1546,
d'une dyssenterie provoquée ou aggravée, dit-on, par l'abus
des plaisirs du harem. Il fut enterré auprès du collége qu'il
avait fondé à Béchiktache, où s'élève encore aujourd'hui la
coupole de sa sépulture, tapissée de mousse et de lierre. La
Biographie universelle lui donne soixante-dix ans à l'époque
de sa mort ; mais il devait avoir bien davantage, s'il est vrai,
comme le dit Hammer, que son père, Yakoub, l'ait amené à
Mytilène en 1462.

Une inscription, aujourd'hui au musée d'Alger, sous le n°
36 et provenant de la mosquée des chaouches, ancien corps
de garde de la place du Gouvernement, contient un passage
que nous allons citer, parce qu'il fournit quelques données
plus ou moins acceptables sur la famille des Barberousses :

بناء هذا المسجد المبارك السلطان المجاهد فى سبيل

رب العالمين مولانا خير الدين ابن الامير الشهير المجاهد

ابو يوسف يعقوب التركى

« Cette mosquée bénie a été bâtie par le sultan champion
« religieux dans la voie du Dieu des mondes, notre maître
« Kheir ed-Din, fils de l'émir (prince) illustre, le champion
« de la foi, Abou Youcef Yakoub le Turc. »

C'est ici le cas de reproduire cette appréciation de nos
Époques militaires de la Grande Kabilie (p. 56) :

« Le père des Barberousses était donc Turc (certains au-
« teurs ont prétendu le contraire) et s'appelait Yacoub. Quant
« au titre de prince, ce paraît être une flatterie du lapicide ;
« car, dans le *Razaouat*, Kheir ed-Din fait dire expressément
« à son frère Aroudj : Je ne suis pas le fils d'un *prince !* »

Aroudj, moins heureux sur terre que sur mer, venait d'é-
chouer devant Bougie dont il avait voulu s'emparer et où il
avait perdu un bras, vers l'époque où les Algériens cherchaient autour d'eux un vaillant champion de la foi qui les
aidât à secouer le joug des étrangers infidèles. Depuis sa mésaventure, il se tenait inactif et découragé à Gigeli, port de
refuge de sa bande, pendant que son frère Kheir ed-Din
poursuivait sur la Méditerranée le cours de ses fructueuses
pirateries. C'est vers ces deux forbans que se tournèrent les
sympathies et les espérances des gens d'Alger qui regret-
taient sans doute le bon temps de la course maritime et voulaient essayer de la faire renaître. Pendant que Kheir ed-
Din tenait encore la mer, Aroudj reçut des sujets de Salem
et-Temi une lettre où ils réclamaient son concours pour arracher de leur cœur l'épine que la construction et l'occupa-
tion du Pégnon y avaient plantée. Le corsaire, décidé par ses
instincts ambitieux, et pour échapper à l'ennui qui le dévorait depuis sa mésaventure, partit sans hésitation à la tête
d'une poignée d'hommes déterminés. En quittant Gigeli, il
recommanda aux habitants de prier de sa part son frère Kheir
ed-Din de lui envoyer, comme renfort, une troupe de ses
braves compagnons, afin d'être à même d'entreprendre le
siège du Pégnon avec quelque chance de succès

Quant à lui, il se présente devant Alger avec deux simples ga-

liotes (1) ; son arrivée excita néanmoins un extrème enthousiasme et on lui fit une entrée vraiment triomphale. Sitôt
que Kheir ed-Din, revenu à Gigeli, eut connaissance des
instructions laissées par son frère, il se hâta de lui expédier
280 Turcs avec les munitions de guerre et de bouche qui lui
étaient nécessaires. Plus tard, il fit armer quatre chebecks,
les chargea d'un grand nombre de combattants, de quinze
grosses pièces d'artillerie et envoya le tout à Alger sous le
commandement d'Ishak, leur frère, qu'Aroudj accueillit avec
transport, ne l'ayant pas vu depuis plusieurs années. Il ne
fit pas un moins bon accueil aux soldats qu'on lui envoyait ;
et, ce qui les toucha plus particulièrement, il augmenta
leur paie lunaire (2).

Ici l'auteur du *Razaouat* — Kheir ed-Din lui-même, comme
on a vu plus haut — se garde bien de mentionner l'attaque in-
fructueuse qu'Aroudj essaya contre le Pégnon ; et le *Zohrat*,
qui suit l'autre chronique presque pas à pas, imite ce silence inspiré par le désappointement de l'orgueil. Mais par
bonheur, les écrivains espagnols, qui, trop souvent, et par des
motifs analogues, se taisent aussi sur leurs défaites, avaient
ici des raisons de parler. S'il n'existait pas cette double
source d'informations qui forme contrôle, il faudrait se ré-
soudre à ignorer la moitié des faits de l'histoire locale et à
demeurer dans l'incertitude, quant aux autres.

Commençons par Gomara dont le récit nous a déjà fourni
la matière d'une observation topographique. Voici les propres termes de ce chroniqueur :

« La première chose que fit Aroudj, après s'être rendu
« maître du pouvoir à Alger, fut d'effacer et d'enlever les
« armes du roi d'Espagne qui étaient peintes et sculptées

---

(1) C'est le *Zohrat* qui le dit ; le *Razaouat* ne précise
rien, ce qui donne à croire que le corsaire était en effet pe-
titement accompagné.

(2) Les soldats turcs recevaient leur paie par deux mois
lunaires.

« da is beaucoup de parties et endroits principaux du lieu (1).
« Aussitôt après, avec un canon de fer, qui, par hasard, se
« trouva là, il démolit au niveau du sol le *château* que le
« comte Pedro Navarro avait bâti quand il gagna Alger (comme
« il a été dit plus haut) et que les Espagnols occupaient. Il
« rassembla ensuite tous ceux du pays et se fit jurer fidélité
« par eux, comme roi d'icelui. Les Espagnols que nous avons
« dit être dans le château en garnison, avisèrent le roi (Fer-
« nando) de la discorde qu'il y avait eu entre le sultan d'Al-
« ger (Salem) et les siens, de la venue de Barberousse avec
« une armée et de la crainte et péril où ils étaient. Une nou-
« velle si triste affligea le roi d'Espagne, etc.» (Gomara, 41.)

Voilà un récit qui n'est pas clair ; et que penser de ce
château rasé au niveau du sol dans la première phrase et qui
se retrouve intact un peu plus loin avec toute sa garnison ?
Car Gomara nous en racontera le siége et la prise, à quelques pages de là, et lorsque l'ordre des temps l'amènera à
s'en occuper de nouveau. Son récit ne serait donc accepta-
ble que dans le cas où il aurait existé en terre ferme quel-
qu'autre forteresse que le Pégnon et occupée également par
les Espagnols. Mais aucun autre auteur n'en parle et le passage de Gomara n'est pas assez explicite pour motiver une
plus ample recherche à cet égard.

Quoi qu'il en soit, laissons maintenant la parole à Haedo :

« Barberousse voulut montrer qu'il ne venait que pour servir les gens d'Alger et les délivrer des chrétiens : aussitôt,
le jour qui suivit (son arrivée à Alger), avec de grands cris
et vociférations, il commença à creuser une tranchée et à
établir une batterie (2) contre la forteresse de l'île où étaient

---

(1) On voit encore, en effet, sur la porte de la tour du
phare l'ancien écusson espagnol, mais d'où les armoiries ont
été effacées. Le musée d'Alger possède sous le numéro trente
sept un double écusson en marbre qui paraît être de même
provenance et sur lequel on a gravé après coup une inscription arabe du dix-septième siècle.

(2) Laugier de Tassy dit que ce fut à la porte de France
(I. 16).

les chrétiens, menaçant de les égorger tous, avec ces bravades et vanteries dont les Turcs font grand usage.

« Cependant, avant de commencer sa batterie et pour ne pas négliger les procédés ordinaires et raisonnables dont on fait usage en pareil cas, il fit savoir par un Turc au gouverneur du château, que s'il voulait livrer pacifiquement la place et s'embarquer pour l'Espagne, il lui donnait sa parole de le laisser aller avec tous les effets qu'il voudrait emporter, lui et ses soldats ; et que même, il leur fournirait des navires pour faire la traversée tout à leur aise.

« A cela, le gouverneur répondit qu'il était inutile de faire usage avec lui de rodomontades ni de propositions, tactique qui ne sert à quelque chose qu'auprès des lâches; et qu'il prît garde d'ailleurs à ce qu'il allait entreprendre et qui peut-être tournerait plus mal pour lui que l'affaire de Bougie.

« Sur cela, Barberousse, sans attendre d'autres répliques, commença à battre la forteresse. Quoique celle-ci ne fût qu'à trois cents pas de la ville — comme on peut en juger encore aujourd'hui par l'endroit de l'île où elle se trouvait — il ne lui causa jamais un notable dommage, parce que toute son artillerie était de petit calibre. Les habitants d'Alger, voyant cela et qu'au bout de vingt jours, Barberousse n'obtenait aucun résultat et que sa venue semblait avoir été inutile ; — joint à cela que les Turcs se montraient insupportables, exerçant mille violences et actes arbitraires, avec suprême orgueil, comme ils ont coutume de faire partout où on les accueille ; — ces habitants craignant donc que dorénavant il ne leur en arrivât davantage, étaient fort mécontents et montraient du repentir de l'avoir appelé et attiré à Alger, surtout le cheikh Salem et-Temi, seigneur d'Alger, etc. » (V. *Haedo*, p. 51, colonne 3e).

Les attaques d'Aroudj contre le Pégnon ne furent pas aussi méprisables que Gomara et Haedo le prétendent. On sait que celle qu'il abandonna le 12 août 1516 avait été faite avec une artillerie assez nombreuse.

L'ordre chronologique amène ici la catastrophe qui mit fin aux jours du prince Salem et-Temi, cheikh des Taaleba, fraction des Beni Temi, d'où lui vient son surnom ethnique. Voici ce que Marmol dit de ces Arabes (T. Ier, p. 86).

« Ceux d'Oulad Tehaliba (Taaleba) demeurent dans la pro-
« vince d'Alger, mais les plus nobles vivent dans les cam-
« pagnes de Mitidja et courent les déserts de Numidie jus-
« qu'à Tegdemt. Ceux qu'ils appellent entre eux Beni Tu-
« mi étaient seigneurs d'Alger et de Teddelez (Tedellest ou
« *Dellis*), lorsque Barberousse conquit ces Etats et détruisit
« cette lignée qui était brave et illustre et faisait plus de qua-
« tre mille chevaux et de quarante mille hommes de pied. Ce
« qui en reste est sujet du Turc et mêlé avec d'autres Ara-
« bes. » La destruction et la dispersion ont si bien produit
leur effet que, sauf le surnom du marabout de Bab el Oued,
il ne reste pour ainsi dire aucune trace de cette tribu.

Le *Razaouat* ne dit mot de la destruction de cette puissante peuplade ni de la mort tragique de son chef. Le *Zohrat*, fidèle décalque de l'auto-biographie de Kheir ed-Din,
imite naturellement son silence. On conçoit, en effet, que si
l'assassinat de Salem et-Temi est vrai et s'il a eu lieu avec
les circonstances aggravantes qu'on lui attribue, le frère du
meurtrier a dû s'abstenir de le rappeler dans sa chronique.
Il faut donc recourir aux auteurs européens.

Laugier de Tassy s'est particulièrement étendu sur cette
épisode sinistre de l'histoire d'Alger qui occupe une trentaine
de pages, au commencement de son premier volume. Cet auteur est de quelque poids, car il a été employé au consulat de
France à Alger, dans les premières années du dix-huitième
siècle (avant 1725) ; et il a très bien pu, comme il le dit (p. 2
de sa préface) avoir eu communication d'un manuscrit arabe
sur vélin, qui lui aurait été prêté, comme une grande faveur
par « *Cidi-Abemed-ben-Haaran*, » marabout du district de
Constantine, lequel descendait du prince Salem et-Temi. Un
anonyme a publié la même légende (on ne peut donner un

autre nom à ce récit) dans l'*Akhbar* du mois de février 1846, en se contentant de modifier le style. Pour dissimuler le plagiat, il a pris la précaution de dire en note que Laugier de Tassy donnait la même légende, mais sans indiquer la source à laquelle il l'avait puisée. La citation qui précède montre la fausseté de cette assertion qui est d'autant plus audacieuse que celui qui se la permit dit en terminant son article : « Ainsi finit la légende dont le manuscrit était entre les mains « de *Cidi-Abemed-ben-Haaran*, *marabout du district de* « *Constantine et descendant de Selim-Eutemi.* » Or, c'est mot pour mot la phrase de Laugier de Tassy, à la 2ª page de sa préface ; il n'y manque même pas l'altération *Abemed*, qui figure là pour Ahmed, sans doute.

Mais laissons les plagiaires et retournons à notre récit.

La légende recueillie par Laugier de Tassy contient un échange de lettres entre Aroudj et la princesse Zaphira, veuve de Salem et Temi. Une pareille correspondance n'est guère dans les mœurs locales, et elle rend le reste fort suspect.

Les historiens les plus rapprochés de l'époque où cette révolution s'accomplit, ne s'accordent pas entre eux. Ce qui paraît à peu près certain, c'est qu'Aroudj s'appuyant sur un parti nombreux et puissant qui regrettait l'ancienne forme démocratique et ne pardonnait pas à Salem d'avoir accepté la domination chrétienne, se débarrassa de ce chef et ne tarda pas à prendre sa place, sans grande opposition.

A partir de ce moment, le péril se dessine avec netteté pour la domination espagnole. La garnison du Pégnon le dénonce hautement au cardinal Ximenès ; et une expédition contre Alger est enfin résolue.

Avant d'entamer le récit de cette expédition, disons pourquoi nous donnons au sultan d'Alger assassiné par Aroudj le nom de *Salem* au lieu de celui de *Sélim* qu'on lit, chez tous les auteurs européens, il est vrai. C'est d'abord parce que ce dernier nous paraît une forme turque et qu'il s'agit ici d'un prince arabe. De plus, nous rappellerons que le premier chef des Taaleba, qui se rendit maître d'Alger était *Salem* Ebn Ibrahim, membre de la famille de cette tribu qui y exerçait le commandement par droit héréditaire. *Salem* a donc pour lui d'être un nom arabe ; il a dû, en outre, être fréquemment employé dans cette famille, puisqu'il rappelait le fondateur de la souveraineté des Taaleba sur la ville d'Alger. Cette souveraineté ne fut pas exempte de quelques solutions de continuité, sans aucun doute ; car en ces temps de troubles permanents et de révolutions subites et fréquentes, les roitelets d'Alger ont dû s'éclipser plus d'une fois devant leurs voisins relativement puissants de Tlemcen et de Bougie. Mais si l'existence de ces deux Salem de même tribu, de même famille dominante (les Beni Temi), qui nous apparaissent à un siècle et demi de distance sur l'humble trône d'Alger, ne constitue pas une assez forte présomption de la continuité du pouvoir dans une même maison, elle rend au moins très plausible la préférence que nous avons accordée au nom arabe *Salem* sur la forme turque *Selim*.

Abordons maintenant le récit de l'expédition de Diego de Vera sur laquelle les nombreuses pièces restées si longtemps inédites, contenues dans l'appendice de Gomara, vont jeter un jour tout nouveau.

Le nom même du chef de cette expédition est demeuré longtemps douteux : on ignorait s'il devait s'appeler Francisco de Vero, Diego de Vero ou de Vera. Des lettres signées de lui et que nous citerons bientôt, attestent que cette dernière désignation est la véritable.

D'autres incertitudes encore planaient sur cet évènement ; on les verra successivement disparaître devant des documents authentiques.

Ces doutes et ces incertitudes sont en partie l'œuvre du cardinal Ximenès : désolé de la mauvaise issue de l'expédition, ce prélat prit le plus grand soin d'en tenir les affligeants détails ignorés du public. Mais la vérité se fait jour par bien des canaux que personne au monde n'a la puissance d'intercepter tous à la fois. C'est ainsi que certaines pièces officielles, conservées dans l'obscurité des archives de famille, ou dans le secret de dépôts administratifs inaccessibles aux recherches des curieux, ont pourtant fini par tomber dans le domaine de la publicité.

Celles dont nous allons faire usage proviennent de trois sources distinctes :

1° La riche collection de manuscrits qui a appartenu au chroniqueur Don Luis de Salazar y Castro, et que l'on conserve aujourd'hui à l'Académie royale de Madrid.

2° Des copies des originaux des archives de Simancas, faites au commencement de ce siècle par l'académicien Don Juan Sanz y Barutell, qui avait été chargé à cette époque de rassembler une collection de pièces pour l'histoire de la marine espagnole.

3° Les autres pièces appartiennent à la Bibliothèque nationale ou se trouvent entre les mains de particuliers.

Parmi quarante-huit de ces documents, réunis en *appendice*, à la suite de la chronique de Gomara, vingt-quatre se rapportent à l'expédition de Diégo de Vera ou à l'Algérie en général. Nous en donnerons la traduction ou l'analyse, à mesure que l'ordre du récit nous amènera à les produire.

Abordons d'abord les causes mêmes de l'expédition sur lesquelles les auteurs sont loin de s'accorder. Une lettre écrite de Carthagène, par Diego de Vera lui-même, à la date du 18 août 1516, et adressée — on le suppose — à mossen (monseigneur) Nicolao de Quint, alacayde (*gouverneur*) du Pégnon d'Alger, les indique très nettement :

« Noble seigneur, — je suis venu dans cette ville (Carthagène), pour aller au secours de la forteresse (d'Alger) ; et, pour que vous le sachiez, je vous adresse ce messager par lequel vous m'informerez tout de suite de la nécessité où vous êtes; parce que si vous vous trouvez en peine, je puis aller vous secourir avec deux mille hommes, mais, s'il vous est possible d'attendre dix ou douze jours, je serai à même de vous en amener six mille, et même davantage, si vous le voulez. (N° 2 de l'Appendice.) »

Une autre lettre de ce général, sur le même sujet, complète la précédente ; elle est du même lieu, à la même date et s'adresse aux fils du défunt sultan Salem et-Teimi. La voici tout entière :

« Honorables, courageux et loyaux seigneurs, — le Roi, notre seigneur, et le révérendissime cardinal, gouverneur du royaume d'Espagne, ont appris le décès de l'honorable et très loyal seigneur votre père ; et ils en ont éprouvé le chagrin que la mort d'un tel homme doit inspirer. Pour le venger et châtier l'audace [de son meurtrier], l'ordre est donné de rassembler une flotte nombreuse en navires et en troupes

(3,000 soldats), ainsi qu'en artillerie. Le forfait recevra telle punition que ce sera à la fois un châtiment pour ses auteurs et un exemple à ceux qui en entendront parler (1).

« En conséquence, seigneurs, tenez vous prêts et disposés pour le moment où je serai à Alger avec la flotte et l'armée; afin que les Turcs et les Arabes qui se sont rendus coupables envers votre père ne m'échappent point par terre; car ils ne fuiront pas par mer sans que je les attaque, allassent-ils jusqu'à Constantinople.

« Pour cela, il est nécessaire que les anciens serviteurs de votre père reçoivent des libéralités, des distinctions et non des châtiments; il faut qu'ils conservent les charges et offices qu'ils avaient. C'est à vous, seigneurs, en gens intelligents que vous êtes, d'ordonner que ces amis soient placés de manière à ne recevoir aucun dommage.

« Et, puisque vous devrez rester dans la ville, en considération de la loyauté de votre père, ou en d'autres endroits de ce royaume, tâchez d'agir comme il convient à votre honneur. Car je tiens du révérendissime cardinal un mandat qui intéresse votre honneur et celui de vos parents.

« Que notre seigneur Dieu tout puissant vous garde et vous guide dans son saint service. (N° 3 de l'Appendice) »

DIEGO DE VERA.

Diego de Vera écrivait du même lieu et à la même date la lettre suivante adressée à Moula Abou Abdallah, roi de Ténès :

« A l'honoré et loué entre les Arabes, Muley Bavdeli, roi de Ténès :

« Je suis venu dans cette ville pour organiser la flotte que le Roi notre maître et le révérendissime seigneur cardinal d'Espagne, gouverneur de ces Royaumes, ont ordonné d'as-

---

(1) Ce passage semble confirmer le meurtre de Salem et Temi et l'attribution que l'on fait généralement de ce meurtre à Aroudj.

sembler à l'encontre des Turcs et des Arabes qui se sont révoltés contre leur service. Ayant été jadis grand serviteur de votre père à cause de son extrême loyauté et bonne amitié envers le Roi notre seigneur qui est à présent dans la gloire (de Dieu), j'ai toujours eu et aurai toujours cette même disposition à votre service. Comme je suis dans l'incertitude, quant à certaines parties de vos États, dont on me dit ici des choses que je ne croirai qu'autant que vous-même me les attesterez, je vous prie de m'écrire ce qui en est, afin que je les garde ainsi que l'exige le service du Roi notre seigneur et le vôtre. Car la volonté du Roi notre seigneur et celle de tous les membres de son conseil est que votre personne et vos États soient protégés et gardés comme il convient envers un prince aussi loyal que vous l'êtes et fils d'un roi aussi loyal.

« Le capitaine Vergara qui vous remettra cette lettre vous parlera plus au long de ma part. Votre Altesse voudra bien lui accorder le même crédit qu'à ma propre personne. Que Dieu fasse prospérer votre existence et votre État royal à son service. »

Le roi de Ténès répondit en ces termes à la lettre qu'on vient de lire :

« Moula Abou Abd Allah, roi de Ténès, au capitaine Diégo de Vera

« Très humble et très vertueux seigneur,

« Seigneur, — nous avons reçu votre lettre et nous avons appris avec un plaisir inexprimable que vous veniez comme capitaine commandant de cette flotte, parce que tout notre désir est de vous voir toujours chargé de ce qui nous concerne. Vous savez que le roi mon père en mourant m'a recommandé au roi d'Espagne (que Dieu lui soit miséricordieux !) et maintenant je suis dans les mains de mon seigneur le prince Don Carlos : il fera de moi tout ce que son Altesse élevée ordonnera. Je serai toujours son vassal et vous serez toujours mon bon intermédiaire. Je vous prie en grâce que

mes terres soient gardées et qu'on ne fasse pas attention aux
paroles des méchants.

« Ce qu'il vous faut garder s'étend depuis le Chélif jusqu'à
la *fosse de la chrétienne*. Ne vous arrêtez pas à ce que les barques de Cherchel ont marché par force, et que même on les
a retenues là-bas contre leur gré : sur tout cela le capitaine
Vergara vous parlera et vous dira au vrai mes dispositions
à votre égard. Il me suffit de vous écrire, que moi et mes
États sommes à votre honneur.

« Fait à Ténès, aujourd'hui dimanche 25 d'août

« MOULA BOU ABD ALLAH, roi de Ténès. »

Suscription : au très honorable et très vertueux cavalier
le seigneur Diego de Vera, capitaine de la Armada.

Les éditeurs font remarquer que la signature de Moula
Abou Abd Allah est suivie d'une autre en arabe et, en outre,
de l'*alama* (1) des sultans Zianites, de Tlemcen. Voici l'ex-
plication de cette circonstance.

Il est dit, dans le *Razaouat Kheir ed Din*, que le neveu
du Roi de Tlemcen, n'ayant pas réussi à détrôner son on-
cle, se réfugia auprès du roi d'Espagne qui le reçut très bien
et lui promit un établissement sur la côte de l'Algérie, dans
le territoire où régnaient les Beni Abd Aborad (?) En effet, ce
roi envoya une expédition qui se rendit maîtresse de Ténès
et y établit le neveu du roi de Tlemcen. Après ce succès, la
flotte retourna en Espagne, laissant quatre vaisseaux avec
cinq cents hommes d'équipage pour défendre la place. (*Fondat*. 1-91-2.)

On remarque encore qu'à cette époque le Tombeau de la
chrétienne (*Fuesa de la cristiana*) jalonnait la limite orien-

_____

(1) L'*alama* était la formule qui accompagnait toutes les
ordonnances ou adresses émanées du sultan. Dans la chan-
cellerie des Hafsites de Tunis, elle s'écrivait au bas de ces
documents, tandis que quelques autres dynasties africaines
la faisaient placer en haut. Elle se composait des mots *Louan-
ge à Dieu et reconnaissance à Dieu* que l'on intercallait entre
le *Bismillah* et la suite du texte.

tale du royaume de Ténès, ce qui indique en même temps où finissait le territoire d'Alger du côté de l'Ouest.

Dans cette correspondance, il n'est nullement question de Yahya, ce fils de Salem et Temi qui, selon quelques auteurs, se serait réfugié en Espagne après la mort de son père, et que Diego de Vera aurait ramené à Alger sur sa flotte pour l'installer dans la dignité de son père. On a vu que le général espagnol avait écrit *aux* fils du cheikh qui se trouvaient à Alger ; il ne paraît pas que ceux-ci lui aient fait aucune réponse, ce qui se comprend après leur réconciliation avec Aroudj, par l'entremise du marabout Sidi Abd er-Rahman. Il résulte donc déjà des pièces analysées un état de la question bien différent de ce que les historiens racontent à ce sujet.

Si nous voulons maintenant connaître la situation de la garnison espagnole du Pégnon, et celle d'Aroudj dans Alger, les lettres du gouverneur Mossen Nicolao de Quint, de Juan Negrylli, un de ses officiers, de Carpio, de Juan de Tudela, d'Agustin Velasquez, tous établis dans la citadelle, nous fourniront les détails les plus instructifs à ce sujet.

Les Turcs et les Mores d'Alger gardaient les fontaines avec tant de vigilance, que la garnison du Pégnon et les navires ne pouvaient plus s'approvisionner d'eau sur ce rivage comme par le passé ; il fallait la faire venir de Majorque ! Aussi, à la date du 8 août 1516, les 200 individus environ, enfermés dans cette forteresse ou dans l'île, n'avaient plus que quinze outres d'eau. Le gouverneur, Nicolao de Quint, fut obligé d'aller en personne en chercher à Majorque, et aussi du biscuit, et autres victuailles, ainsi que de l'argent pour payer une somme de 1,286 ducats à des patrons de navires (n° 1 de l'Appendice).

A la date du 25 août, l'eau continuait à manquer au Pégnon ; et des gens étaient morts pour avoir bu du vin mêlé à de l'eau de mer ou mangé du pain à la fabrication duquel celle-ci avait été employée. La pénurie des objets de première nécessité avait obligé de renvoyer tous les juifs et les individus établis dans l'île, à côté de la forteresse, en tout 150 hommes et femmes qui étaient partis avec le gouverneur, Nicolao de Quint. Malgré cette évacuation, ce qui restait allait mourir de soif, si un brigantin de Majorque n'avait apporté quelques barils d'eau. Déjà on avait résolu de sauter tous à terre, le jour où le liquide ferait complètement défaut, et de mourir en combattant contre les Mores d'Alger, plutôt que de se laisser périr de soif. Il n'y avait presque plus de poudre ; des deux cents hommes de garnison, on ne pouvait compter que sur cent ou même moins, les autres étant des paysans majorquins, que l'aspect d'une arme, disait-on, aurait fait se fourrer dans un trou (n° 10 de l'Appendice). Remarquez toutefois que cette dernière appréciation est en contradiction manifeste avec la résolution héroïque que dans la phrase précédente l'auteur prête à ses camarades de la garnison.

Un certain Carpio, appartenant aussi au Pégnon, confirme les faits précédents par une lettre du 27 août 1516. « Il n'est pas d'ermites, dit-il, qui, en fait d'extrême faim et soif, aient enduré ce que nous souffrons ici. On aurait déjà abandonné la position sans les égards que l'on a pour l'inspecteur (*veedor*), la plus noble personne du monde et le plus grand serviteur de Diego de Vera » (n° 11 de l'Appendice). On ne possédait en fait d'artillerie, qu'un fauconneau et un canon serpentin dans la place. Il n'y avait de munitions de bouche que pour un mois et elles consistaient en orge, eau et vinaigre... On ne comptait pas dans toute l'île 80 hommes que l'on pût dire de combat (*ibid.*).

Juan de Tudela, également de la garnison du Pégnon, confirme les faits précédents par une lettre de même date : « Il y a environ 200 hommes dans cette forteresse, dont il n'y a pas 90 de guerre, le reste étant des gens de travail. Tout cela fatigué d'endurer des privations, d'être sans pain depuis 18 mois et de coucher sur le roc. »

Il a fallu la nouvelle de la future expédition pour qu'on ne s'abandonnât pas au désespoir (Numéro 12 de l'Appendice).

Agustin Velasquez reproduit les faits précédents et ajoute qu'on avait perdu toute espérance, et qu'on se croyait abandonnés, voyant que les seigneurs cardinal et ambassadeur après avoir promis prompt secours et ravitaillement, toutefois tant de temps s'écoulait sans qu'on vît rien venir; point de vin, quatre quintaux de poudre seulement, des vivres pour 10 jours, et encore en rationnant (n° 13 de l'Appendice).

Le gouverneur Nicolao de Quint, revenu de Majorque à son poste, reproduit, dans une lettre du 27 août, ses premières doléances; il rappelle qu'il a sauvé le Pégnon cette année, comme il a sauvé Bougie l'an dernier. Il parle de 1,500 ducats qu'il a avancés pour ravitailler le Pégnon. (N° 14 de l'App.)

Enfin, ce gouverneur, dans sa réponse à la réquisition de Diego de Vera, revient sur ce chapitre, par voie récapitulative.

Ceci est la situation envisagée au point de vue des munitions de bouche et de combat; abordons-là maintenant par les côtés politique et militaire.

L'intitulé du n° 2 de l'Appendice donne à entendre que Diego de Vera adressa un duplicata de son contenu à Ténès; et cependant la teneur de la lettre s'adresse exclusivement à l'alcaïde ou gouverneur du Pégnon et n'a rapport qu'à cette forteresse et à la ville d'Alger; néanmoins, nous la citons ici pour mémoire, parce qu'il n'est pas impossible, après tout, qu'elle ait été communiquée à Bou Abd Allah, roi de Ténès, par le capitaine Vergara, envoyé de Diego de Vera auprès dudit roi (V. n° 8 de l'App.).

On a vu précédemment la pièce n° 3 de l'Appendice. C'est une tentative faite par Diego de Vera pour se ménager des intelligences dans Alger par les fils du cheikh Salem et-Temi dont il ignorait la réconciliation avec Aroudj. Il y a de la jactance et de la maladresse dans cet écrit, qui paraît, du reste, être demeuré sans réponse.

On a vu aussi la lettre de Diego de Vera au sultan de Ténès et la réponse de celui-ci (nos 4 et 8 de l'Appendice), au général espagnol qui rappelle d'anciennes relations avec le père d'Abou Abd Allah. Ce roitelet répond dans le style laudatif, cauteleux et réservé de la correspondance musulmane. Il a appris avec plaisir, dit-il, que Diego de Vera commande la flotte contre Alger; il veut bien se souvenir que son père en mourant le recommanda au feu roi d'Espagne et même qu'il est maintenant sous la protection de son successeur. S'il ne parle pas de fournir son contingent à l'entreprise qui se prépare, du moins il n'oublie pas de réclamer protection pour ses États; et, afin que l'on sache bien jusqu'où cela engage, il a grand soin de fixer ses frontières de l'Est et de l'Ouest (Tombeau de la Chrétienne et embouchure du Chelif). Cette délimitation est même la seule chose claire et profitable que l'on rencontre dans son épitre, dont l'ensemble annonce un homme qui entend rester tout à fait inactif.

Dans tout cela, il n'est nullement question du roi de Tlemcen qui, d'après certains historiens, aurait excité l'Espagne à faire l'expédition en promettant une diversion puissante (1). Ce silence et le récit de l'attaque contre Alger que l'on verra plus loin, ainsi que d'autres preuves, qui vont passer sous les yeux du lecteur, établissent nettement que Diego de Vera n'avait aucune intelligence dans le pays.

Voyons maintenant ce que préparait Aroudj pour se défendre contre l'attaque dont il était menacé.

Un officier de la garnison espagnole du Pégnon, Juan Negrylli, en parle ainsi dans une lettre adressée de l'île d'Alger, le 25 août 1516 :

_____

(1) Diego de Vera dit (no 19 de l'appendice), que si l'expédition d'Alger réussit, les gens de Tlemcen effrayés par ce résultat, se décideront à faire ce que Lope Hurtado leur demande, s'ils n'en sont empêchés par la mauvaise volonté qu'ils ont en ce qui touche les mesures de Cordoba (Don Luis Fernandez de _Cordoba_, marquis de Comarès, gouverneur d'Oran). Cette phrase n'est pas claire.

« En fait de nouvelles de Barberousse (Aroudj), je vous dirai que chaque jour il se fortifie de tout son pouvoir, qu'il a jusqu'à cent Turcs en tout et qu'il attend son frère d'un instant à l'autre. Toutefois, je vous engage à ne pas le dédaigner, parce qu'avec les progrès quotidiens qu'il fait en fortification de la place et d'après les secours qu'il espère je dois vous dire qu'il faudra bien neuf à dix mille hommes pour prendre la ville sans péril. On peut s'en emparer à moins, mais avec beaucoup de peine, parce que *Barberousse a pour amis tous les Arabes*, qui le favorisent Il a d'ailleurs fait sa paix avec les fils du cheikh, dont l'aîné s'est marié avec une fille du marabout de Barberousse. *Vous ne devez donc pas compter qu'en Berbérie il se trouve un seul indigène de votre parti.* Il vous faut donc arriver ici assez fort pour résister à tout le monde. Et là dessus je reste l'obéissant serviteur de votre seigneurie » (n° 10 de l'Appendice).

Un certain Carpio, de la même garnison, ajoute ces renseignements :

« Voici les nouvelles de Barberousse. Il se fortifie tant qu'il peut ; depuis plus de quinze jours, il a cessé le feu, gardant sa poudre pour une meilleure occasion. Ses batteries disponibles sont celles-ci :

« A la porte des (1) Arabes une lombarde (2) et un ribaudequin (3) là où vous devez jeter du monde ; du côté de la mer, il a deux pièces dans la Courtine, une de 12 livres et

(1) A la manière dont l'auteur procède dans son énumération de l'armement du front maritime d'Alger, qu'il termine à la porte Bab-Azzoun, il semble que cette « porte des Arabes » doive être celle de Bab-el-Oued.

(2) Les lexiques espagnols définissent la *lombarde*, une escopette, dont l'usage est venu de Lombardie. Mais il est évident qu'il s'agit ici d'une pièce d'artillerie.

(3) Nous ne trouvons pas *trobadoquin* dans le dictionnaire espagnol ; ce doit être le *ribaudequin*, canon de trois quarts à un kilogramme de balles, ainsi nommé de ce qu'il était traîné dans un *ribeaudeau* ou charrette bardée de fer. Le ribaudequin pesait 350 kilogrammes et était long de 2 m. 66 c.

l'autre de 8. Aux arsenaux (1) il a une grande lombarde qui pourra tirer 30 livres de pierres ; et plus en avant en suivant la Courtine, il a deux lombardes, l'une de 14 livres et l'autre de 9 livres. Ils ne tirent pas beaucoup avec celles-ci, parce que nous ne les laissons pas s'établir et que nous sommes aussitôt à eux. Ils ont quatre autres embrasures ouvertes dont ils ne tirent pas, nous ne savons pourquoi. Elles sont à plus de 200 pas.

« Au-delà, au coin de la Tour postérieure, il y a deux pièces, l'une desquelles tire 55 livres et l'autre 20. Plus avant, est l'embrasure d'une autre lombarde qui donne sur le bout de l'île et tire 20 livres. Il y a aussi une lombarde à la porte Bab-Azzoun et deux autres sur ladite porte. Ils ont placé plus haut une grande lombarde et un fauconneau (2) de 8. Au-delà, est une autre lombarde dans la tour de Gibil (3), là où est une poterne près d'un atalaya (tour d'observation) qui avoisine les vignes ; et enfin une autre sur la muraille qui touche aux vignes auprès du chemin qui vient de Miliana. » (N° 1 de l'Appendice.)

Les siècles ont tellement modifié la topographie militaire d'Alger qu'il est assez difficile d'appliquer exactement ce qu'on vient de lire à l'état actuel. A l'époque, bien éloignée pourtant (fin du seizième siècle), où Haedo décrit les fortifications d'Alger, il cite déjà des forts et des bastions dont pas un n'existait du temps d'Aroudj. Ils sont nés l'un après l'autre, surtout à la suite de quelque attaque chrétienne qui venait révéler un côté faible. Cependant, s'il est presqu'impossible d'indiquer avec précision la place exacte de chacune

(1) L'arsenal — *Dar senaa* — était auprès de la porte de la Pêcherie.

(2) Fauconneau. Canon de 2 livres ; il pesait 675 kilos et était long de 3 m. 50 c.

(3) Tour de Gibil, veut dire sans doute, *Tour de la montagne*. L'autre tour dite *Atalaya* devait se trouver près des Tagarins. Il y a une vingtaine d'années on en a trouvé les substructions en fouillant pour construire.

des batteries qui viennent d'être énumérées, on peut s'en faire au moins une idée approximative. On aura remarqué au commencement de cette lettre l'indication d'une attaque d'Aroudj contre le Péguon, qui aurait cessé vers le 12 août 1516. C'est fort probablement celle dont il est question dans les auteurs.

Enfin, Juan de Tudela, complète les informations par les détails suivants :

« Parmi les nouvelles que nous avons eues ici de BARBE-ROUSSE, je vous dirai qu'il se fortifie tant qu'il peut, faisant fossés et tranchées, car il sait déjà que votre seigneurie arrive avec l'armada. Je dis ceci parce qu'ils nous le disent tous les soirs. Il pourra bien entreprendre ce qu'il n'a pas entrepris jusqu'à présent, dans la pensée que votre seigneurie, une fois arrivée, il n'aura pas le temps de se fortifier et sera détruit. De la sorte, les navires partis, ils pourraient nous placer en grand embarras. Pour nous mettre à l'abri de ce péril, votre seigneurie devrait envoyer 1,000 hommes en avant, afin que s'il a quelque mauvais dessein il ne puisse l'exécuter ; afin aussi que vous ayez l'esprit tranquille de ce côté et que vous puissiez faire les choses comme vous les avez toujours faites. » (N° 12 de l'Appendice).

Les affaires intérieures d'Espagne n'étaient pas dans une situation favorable pour attaquer avec avantage un ennemi aussi actif et habile que l'était Aroudj. Le roi Fernando venait de mourir et les grands du pays n'étant plus contenus par son extrême sévérité revenaient à leur ancienne habitude d'en appeler à la force pour tout ce qu'ils voulaient obtenir. Le peuple, de son côté, se montrait enclin à profiter d'une minorité pour reconquérir d'antiques franchises. Malaga se mit en état de révolte, Valladolid leva une armée et d'autres villes manifestèrent leur opposition en empêchant, sur leur territoire, les levées de troupes que le cardinal Ximenès ordonnait sous prétexte de contenir les Mores, mais dans le fait pour éteindre l'esprit séditieux qui éclatait dans les classes extrêmes de la société. C'est au milieu de ces difficultés que Diego de Vera dut procéder au recrutement de son corps expéditionnaire, et si celui-ci ne fut pas composé tout entier d'hommes de guerre comme il en aurait fallu pour une pareille entreprise, on voit que la faute ne venait pas tant de lui que des circonstances.

La pièce n° 19 de l'Appendice comprend les instructions données par Diégo de Vera et Juan del Rio, son collègue, à Vicente Perez Albornoz pour traiter avec le cardinal Ximenez la question de l'armada qui était en partance. On voit par ce document, qui est du 17 septembre 1516, que le corps expéditionnaire n'était pas seulement destiné à agir contre Alger. Après avoir expliqué les causes qui avaient retardé le départ de la flotte, Diego de Vera donne les renseignements que voici sur les bâtiments et les troupes qui y sont embarquées.

Il y avait 1,000 soldats, 2,000 marins ou autres, tous gens choisis et de guerre (*muy escogida gente y gente de guerra*), appréciation qui ne s'accorde pas avec ce que l'on verra plus loin.

Les navires sont :

Une carraque (1) de 1,000 tonneaux, bien ordonnée et armée de très bonne artillerie grosse ou petite, tant de campagne que de siége.

Les deux très bons navires de Portundo (2) de 300 tonneaux chacun, bien en ordre.

Quatre navires de Séville, l'un de 250 tonneaux, les autres de 150.

---

(1) *Carraque.* Très grands vaisseaux ronds et de combat, que les Portugais envoyaient au Brésil et aux Indes Orientales. Il a en avait de 2,000 tonneaux, où on pouvait loger jusqu'à 2,000 hommes. Il y a eu aussi des carraques de transport.

(2) Le général des galères d'Espagne, Rodrigo Portundo, gentilhomme de Biscaye, tué en 1529, devant l'île de Fromentera (Baléares), dans un combat contre les corsaires algériens.

Le navire du comte Don Fernando de Andrada, sur lequel est venu le commandeur Diego de Vera, avec trois cents (hommes) qu'il a amenés de Séville et de Xérès.

Les quatre navires qui sont à la solde de leurs Altesses pour le service de la place d'Alger et qui sont venus ici (à Carthagène), dès qu'ils ont eu connaissance de l'armada destinée à secourir le Pégnon et à recouvrer ladite ville.

Deux autres très bons navires de Biscaye, de 350 tonneaux chacun.

Deux autres navires de même provenance, de 250 tonneaux chacun ; un navire de Gallice de 200 tonneaux ; trois caravelles (1); un galion (2); et deux brigantins (3).

« On attend de Malaga un autre navire et une autre caravelle qui apportent les biscuits.

« De sorte qu'en tout il y aura de vingt-quatre à vingt-cinq voiles toutes bien approvisionnées et payées pour quelque temps.

« Avec ces voiles viendront quatre galères, un brigantin, huit fustes (4) et le brigantin de Don Alonso Vanegas, sans compter beaucoup de brigantins d'Almeria et de Carthagène. Ces derniers ne seront pas armés, il est vrai, mais ils feront une démonstration d'un bon effet. On peut donc affirmer que l'armada comptera de trente à trente-cinq voiles carrées ou latines et d'autres navires marchant pour leur compte. »

Nous avons tenu à placer cette énumération officielle sous

---

(1) *Caravelle*. Petit bâtiment portugais à poupe carrée, rond de bordage et court de varangue. Il portait la voile latine et avait une marche supérieure.

(2) *Galion*. C'était dans l'origine un gros vaisseau de guerre; plus tard, on ne désigne ainsi que certains navires marchands.

(3) Petit navire de bas bord qui allait à voile et à rame et ne portait pas couverte ; fort léger, propre à des corsaires, n'ayant qu'un homme à chaque rame, où chaque matelot était soldat et couchait son mousquet sous sa rame.

(4) *Fuste*. Bâtiment de bas bord et de charge qu'on manœuvrait à voile et à rame.

les yeux du lecteur, parce que les chroniques indigènes parlent de trois cents voiles et que les relations européennes fixent un chiffre de soixante à quatre-vingts voiles, ce qui est encore exagéré.

D'après la *Fondation de la Régence d'Alger* (t. 2e, p. 157) Diego de Vera appareilla de Carthagène à la fin de septembre 1516; le 30 de ce mois, l'armada qu'il commandait entra dans la baie d'Alger et vint mouiller fort près de la côte. Les documents originaux que nous avons consultés jusqu'ici offrent une lacune du 17 septembre au 3 octobre; mais, à cette dernière date et à celle du 4 du même mois, ils fournissent de nombreux détails sur ce qui s'était passé dans l'intervalle, détails d'autant plus précieux que les faits ressortent d'une esp'ce de débat contradictoire entre les deux principaux acteurs de l'événement et en présence de ceux qui avaient assisté à la lutte s'ils n'y avaient même pris part.

Aussi, nous reproduisons dans leur intégrité, et aussi textuellement que possible, ces deux documents qui jettent quelque lumière sur une expédition dont le cardinal de Ximenès s'est tant efforcé de cacher les détails au public.

Voici le premier :

Mossen Nicolao de Quint alcayde de la forteresse d'Alger aux illustrissimes et révérendissimes seigneurs gouverneurs d'Espagne (no 21 de l'Appendice) :

« Vos lettres apportées par mon frère et son camarade m'ont largement informé de tout ce que vous lui avez dit, à savoir qu'on avait abondamment pourvu à tout ce que je demandais; de sorte que je désirais beaucoup la flotte et ses capitaines, parce que je pensais que l'Afrique allait être bien châtiée. Il me semble qu'il est arrivé tout au contraire; car les musulmans aujourd'hui ont repris tant de cœur au ventre qu'ils se figurent être des lions; malheur qui résulte du mauvais accord des chefs, lesquels sans conseil ni gens ont voulu faire des choses qui paraissaient ici à tout le monde devoir causer leur perte.

« Vos seigneuries sauront que je les ai amplement infor-
mées par une lettre adressée à Diego de Vera dont je vous envoie copie avec sa réponse afin que vous voyiez qu'il était
bien averti de tout ce qui se passait ici. Il me semble qu'il a
fait tout au contraire de ce que ces avis indiquaient : il n'a
pour ainsi dire pas amené de troupe et celle qu'il amenait
n'était point propre à la guerre ; de sorte que le service de
Dieu et de son Altesse n'a pas été accompli comme il l'eût
été si l'on avait suivi les conseils de nous qui sommes ici ;
si l'on avait eu des hommes propres à la guerre et en nombre
suffisants et non de jeunes laboureurs qui semblaient n'avoir
jamais manié une arme. Pour cela, il m'a retiré tout mon
monde de l'île ; et, de 250 très bons soldats, il n'en est
resté que quarante. De sorte qu'au lieu de me secourir il m'a
désorganisé en me perdant tant de braves gens ; il ne me
reste ni escopetier, ni archer pour que je puisse défendre
mon île...

« De cette forteresse et île d'Alger, le 3 octobre 1516.

« Nᵒ DE QUINT. »

Dans cette lettre, Mossen de Quint apprécie les 250 hommes de sa garnison avec plus de faveur que ne l'a fait précédemment un de ses officiers, lequel disait (pièce 10) qu'il y
en avait à peine 80 propres au combat. Mais le désir d'obtenir des secours qu'on ne se pressait guère d'envoyer, le porte
souvent, ainsi que ses officiers, à exagérer le mauvais côté de
la situation. Pour nous, qui avons assez de documents sous les
yeux pour contrôler des assertions contradictoires, il devient
facile de réduire ces exagérations à leur juste valeur.

Il faut faire observer d'ailleurs que la garnison du Pégnon
avait peut-être été renforcée ou même renouvelée dans l'intervalle sur lequel les renseignements nous manquent.

Nous arrivons au document le plus curieux, la réquisition
faite par Diego de Vera au gouverneur du Pégnon d'avoir à
lui livrer une partie de l'artillerie de la place et la réponse
de Mossen de Quint. Cette pièce est un échange de récrimi-

nations entre le chef de l'armada et le châtelain de l'île, à propos de l'expédition qui venait d'échouer. Écoutons les deux parties.

Dans la journée du 4 octobre 1516, un bateau se détachait de la carraque capitane, mouillée dans le port d'Alger et où Diego de Vera devait faire alors d'amères réflexions sur l'instabilité de la fortune. Cette embarcation conduisait au Pégnon le capitaine Salazar le Grand, porteur de la lettre de réquisition du général en chef adressée à Nicolao de Quint; ce messager était suivi d'un écrivain de justice et de quelques témoins. Ils trouvèrent le gouverneur à la porte de son château, où Salazar lui présenta la missive du capitaine-général. Dans ce document, Diego de Vera somme le gouverneur, Nicolao de Quint, — qu'il qualifie de *magnifique seigneur*, — de lui remettre ce qu'il a d'artillerie en trop dans la place; parce que, dit-il, cet excédent est inutile à la défense du Pégnon et est nécessaire à celle de l'escadre. D'ailleurs, la garnison n'a pas assez de poudre pour servir tant de canons; et les vaisseaux sont dans l'impossibilité de lui en fournir. Diego de Vera rappelle qu'il a pourvu ce poste très largement de soldats, d'argent, de pain pour deux cents hommes pendant six mois et de vin pour cinquante jours, sans compter l'eau et les autres provisions de sardines et poissons; le tout de son mouvement propre et sans y être autorisé par le gouvernement. Il lui annonce en outre qu'avec sa carraque et les sept ou huit navires qui l'accompagnent, il n'abandonnera pas l'île d'Alger de sept ou huit mois; et que le plus qu'il s'en éloignera sera pour aller à Iviza, afin d'envoyer à la garnison du Pégnon deux ou trois navires chargé d'eau et des provisions qui leur sont nécessaires. Il rappelle qu'il leur a déjà fait remise de toutes les armes qu'il a pu recueillir sur ses navires, telles que corselets, balistes, lances, épées; et il annonce qu'il leur donnera encore des escopettes, des dards et des lances à feu.

Diego de Vera recommande au gouverneur de bien traiter

les hommes dont on a renforcé sa garnison et qui ont d'ailleurs reçu leur paie. Ceux-ci, ajoute-t-il, s'étaient d'abord refusés à rester avec Nicolao de Quint et il a fallu leur donner l'assurance que Don Gaspar de Villasand demeurait au Pégnon comme leur capitaine. Ici, perce une intention malveillante envers l'alcayde de la forteresse d'Alger.

A cette sommation, le gouverneur riposte dans les termes qu'on va lire. Mais disons d'abord que sa réplique, très obscure en elle-même sur divers points, est partout difficile à comprendre, à cause de l'absence presque complète de noms propres et de l'emploi exclusif du pronom de troisième personne appliqué indistinctement à tous les individus mis en scène. Nous avons voulu éviter au lecteur l'étude pénible et fastidieuse par laquelle nous avons dû passer nous-même pour préserver notre traduction des nuages qui planent sur le texte espagnol; nous n'y avons réussi qu'en faisant alterner les pronoms de première et troisième personnes, selon les interlocuteurs qui interviennent dans le dialogue. Cette très légère modification a suffi pour répandre de la clarté sur notre travail sans nuire en rien à son exactitude. Laissons parler maintenant le gouverneur du Pégnon :

« Aux premiers points indiqués dans la réquisition je réponds ceci (dit Mossen Nicolao de Quint) :

« Le capitaine Diego de Vera m'a écrit de Carthagène qu'il faisait ses préparatifs pour se rendre à Alger avec 2,000 hommes, à cause des grandes extrémités où nous étions réduits dans cette forteresse du Pégnon. Il ajoutait que si on lui donnait douze jours, il viendrait avec 6,000 hommes ou même avec le nombre que l'on voudrait. Quand son messager, Vergara, s'est présenté ici, je lui ai dit, comme réponse : Qu'il fallait nous expédier des vivres dont nous manquions, ainsi que de poudre et de pièces en fer; qu'il fallait envoyer aussi des maîtres ouvriers pour bâtir — dans le cas où l'on prendrait Alger — une tour ou forteresse qui permît d'y faire aiguade; car le Pégnon est incapable de tenir si on ne lui

assure pas dans la ville un endroit où la garnison puisse
prendre de l'eau avec sécurité.

« Pour tout ce qui concerne le service du roi, j'ai informé
et averti amplement le capitaine Diego de Vera, comme le
savent tous les officiers et l'inspecteur du Pégnon et comme
j'en possède la preuve dans les copies de mes lettres audit
capitaine général et dans les réponses que j'ai reçues de lui.
J'ai communiqué cette correspondance et tout ce qui se passait ici aux seigneurs gouverneurs et à Son Altesse en Flandres, d'après les ordres de Sa Majesté.

« Il me semble que Diego de Vera n'a rien fait ni tenu de
ce qu'il avait écrit et n'a pas pourvu aux nécessités qu'il y
avait au Pégnon ; car après que je l'en ai eu instruit, il a laissé
s'écouler un mois et cinq jours sans donner aucunement de
ses nouvelles. Sans les bons capitaines et la courageuse garnison de cette forteresse, l'ennemi en serait déjà maître,
tant Diego de Vera a été peu diligent et avisé en ce qui concerne cette place.

« Il s'est présenté ensuite en grand désordre devant Alger : des fustes et des galères s'y étaient d'abord montrées,
comme pour engager l'ennemi à se tenir prêt ; à leur suite,
le chef de l'expédition, arrivé avec plus de désordre encore, était venu mouiller dans le port au beau milieu du jour.
C'était dire à l'ennemi d'aviser et de faire diligence, car on
les voulait prendre. Aussi, ces gens qui sont turcs, guerriers
et intelligents, ont amassé tant de provisions, ont réuni une
si grande quantité de Mores qu'ils pouvaient se défendre contre la plus grande armée.

« Après l'arrivée du capitaine Diego de Vera, j'allai le trouver et lui dis tout ce que je pensais. Il n'en a tenu aucun
compte, imaginant qu'il pourrait prendre la ville avec moins
de monde encore que ce qu'il amenait. Alors, j'allai en personne reconnaître les endroits où l'on devait combattre ; et
Diego de Vera fut d'opinion qu'on attaquât par en haut, au-
dessus de la ville, ce qui ne fut jamais mon avis, lequel était

de s'emparer d'un gros rocher qui est près de la porte de la ville, où les assaillants pouvaient très bien se loger, ayant leurs derrières assurés et de l'eau à discrétion. Je voulais battre la ville avec l'artillerie de l'île, mais Diego n'y consentit pas et permit seulement qu'on tirât sur les hauts quartiers, ce qui a été de peu d'effet, la batterie étant éloignée. Le Pégnon n'a donc pas pu rendre les services qu'on en aurait obtenu si l'on avait canonné la ville. Dans ce dernier cas, on aurait fait un grand carnage des ennemis ; et l'on aurait pu entrer sûrement dans la place, si l'on avait suivi le conseil des capitaines de l'île, de l'inspecteur et du payeur ; car dans le Pégnon, nous ne pensions qu'à une chose, qui était le service de Dieu et de Son Altesse et la destruction des ennemis.

« Il me semblait que ledit capitaine ayant aussi tiré sur la ville et fait un si grand carnage des Mores et qu'y ayant aussi aidé et défendu Diego alors qu'il était près d'une montagne et si bien perdu que j'en eus la plus grande pitié du monde ; il me semblait qu'il n'était plus à propos de rester à la garde de la forteresse, puisqu'on y avait fait tout ce qu'on pouvait. J'allai donc en personne pour sauver le chef et tout son monde. J'ai marché en personne pour combattre les Mores et empêcher les gens (de l'armada) de fuir, mais je n'ai pu arrêter ceux-ci malgré mes efforts extrêmes. Ce que voyant, j'allai aux galères, les requérant de la part du roi notre seigneur de ne pas laisser perdre tant de monde comme il en périssait à la marine, à cause de la démoralisation qu'ils causaient en s'enfuyant à toute vitesse. Mais quoi que j'aie pu faire, il m'a été impossible d'obtenir qu'ils retournassent les proues, manœuvre à la faveur de laquelle les bateaux et les fustes auraient recueilli tout le monde et qui aurait empêché les pertes qui se firent en morts et prisonniers.

« Par toutes ces causes, il me semble que le capitaine Diego de Vera me doit être fort obligé, puisque j'ai tenu à honneur de l'appuyer et y ai employé ma garnison ; tandis que

lui veut desservir grandement Sa Majesté en m'ôtant l'artillerie, qui est la plus grande protection du Pégnon ; protection
si grande que les soldats seraient fort découragés, si peu
qu'on en enlevât de la place. D'autant plus que Diego veut
prendre les canons, c'est-à-dire ce qui leur fait le meilleur
service. L'ennemi, en présence des grands dommages qu'il en
reçoit vient à composition avec le gouverneur et lui ap-
porte toute espèce de provisions : moutons, poules, pain et
autres victuailles. De sorte, que bien que peu nombreux, mes
hommes se sentent le courage de se défendre contre toute
l'Afrique et de réparer la honte et le dommage faits à la chrétienté, surtout en Espagne.

« Il serait bien que le capitaine Diego de Vera me donnât
non-seulement ce que j'ai, mais mît sa personne à ma disposition avec beaucoup plus d'artillerie qu'il ne m'en a laissé.
Étant le grand artilleur de S. M. il peut faire de bien meilleure artillerie que celle qu'il nous a remise. Et d'ailleurs, si
celle-ci est à lui — ce que je ne sais pas avec certitude — il
peut envoyer la nôtre au Pégnon et nous lui rendrons la
sienne. Je ne ferai pas autrement — dussé-je perdre la vie
— car il s'agit ici du service de Dieu et du Roi notre seigneur, de mon honneur, de ma vie à moi et à tous ceux qui
sont avec moi. Il ne sortira donc aucune artillerie du Pégnon
ni de l'île.

« Je m'étonne d'ailleurs, que Diego de Vera, pour sauver
son navire, veuille perdre cette forteresse qui coûte si cher
à S. M. et importe tant à l'honneur de la chrétienté et surtout de l'Espagne. Car si on la perdait, on perdrait Malaga,
Carthagène, Alicante, Valence, Barcelone, Iviça et Majorque ;
la multitude des galères du grand Turc devenant telle que ces
villes ne se pourraient défendre sans l'aide de Dieu et du
grand Roi d'Espagne. Par ces motifs, je prie Don Diego de
Vera comme un frère — et il m'a vu tel à l'œuvre — de
mettre beaucoup de diligence pour qu'il vienne ici beaucoup
de monde et beaucoup d'argent pour me pourvoir de monde.

« Pour moi, quoique le Roi me doive 10,000 ducats et plus, j'ai ici du drap que j'offre à tous les soldats pour couvrir leurs nudités ; et quant à toute autre chose au monde — je ne l'ai pas eue que je ne l'aie donnée. Pour ce motif, le capitaine Diego de Vera devra faire beaucoup de diligence sur mer, car moi j'en fais beaucoup sur terre. Je lui certifie qu'avant qu'il revienne sur ses navires, nous, gens de l'île, nous aurons gagné la ville et pris Barberousse. Dans ce but, j'ai écrit à Majorque pour que l'on vende mes rentes territoriales et tout ce que je possède et pour qu'on m'envoie autant de poudre et d'autres objets qu'il en faudra. Tout cela, je le fais pour le service de Dieu d'abord et du Roi notre seigneur et pour réparer son honneur. Et puisque moi j'agis de la sorte, Diego en bon chevalier qu'il est, doit faire en mon absence ce que je ferais pour lui ; pour tout autre chose, qu'il voie ce qu'il veut et je le ferai.

« Telle est la réponse que je donne à ladite réquisition, et que je signe de mon nom (1).

Après les détails circonstanciés fournis par les pièces qu'on vient de lire, il paraît superflu de s'occuper de ce que les chroniqueurs et les historiens ont pu écrire sur la catastrophe de Diego de Vera. Cependant, comme il peut s'y trouver quelque détail intéressant à recueillir, nous allons les analyser succinctement.

Arrêtons-nous d'abord à une naïveté de Gomara, qui après avoir dit que le roi d'Espagne ordonna à Diego de Vera d'aller *détruire Alger*, ajoute : *le roi pensait en donnant cet ordre qu'Alger était pour lui.* Qu'aurait-il commandé de plus si Alger eût été contre lui ?

Selon ce chroniqueur, le général espagnol et son collègue

---

(1) Nous avons déjà dit que plusieurs passages de ce document sont obscurs ; nous les avons rendus tels qu'ils se présentent, aimant mieux laisser subsister un sens douteux que de courir le risque de faire un contre-sens.

Juan del Rio débarquèrent tout leur monde sur la plage d'Alger sans obstacle et sans accident. Mais il n'y eut ni concert ni ordre dans cette armée ; et quand Barberousse sortit pour la reconnaître, il trouva le camp sans quartier-général, les soldats à la débandade et une absence complète de dispositions quelconques Voyant l'occasion favorable, il les attaqua avec grande résolution, les défit aisément et en tua jusqu'en s'en lasser. Il fit en outre 1,500 prisonniers qui devinrent ses esclaves. Juan del Rio périt dans la déroute.

Diego se rembarqua aussitôt après cet échec (V. *Cronica de los Barbarojas*, p. 41).

Marmol prétend que l'expédition contre Alger, de 1516, fut entreprise à la sollicitation d'Abou Hammou, sultan de Tlemcen, qui promit au cardinal Ximenès d'envoyer ses troupes par terre pendant que l'armada arriverait par mer. On a vu précédemment que cette version est contredite par les documents authentiques de l'Appendice, non pas seulement par leur silence, qui serait déjà d'un poids considérable, mais par cette déclaration solennelle « que l'Espagne n'avait en Berbérie aucun indigène qui fût de son parti. »

Au reste, le récit de l'attaque en elle-même n'occupe que quelques lignes dans notre historien. Selon lui, Aroudj avait fait entrer dans Alger — qui était déjà une ville de 20,000 âmes — une trentaine de mille Arabes ou Berbers. Diego de Vera ayant débarqué environ 7,000 hommes, Aroudj sortit contre lui d'un côté avec ses Turcs, pendant que les indigènes l'attaquaient de l'autre. Le général espagnol fut ainsi défait son monde forcé de se rembarquer précipitamment ; et, pour comble de malheur, ils avaient à peine quitté la plage qu'une tempête les assaillit, dispersa toute la flotte avec perte de quelques navires (V. l'*Afrique* de Marmol, t. 2, p. 337).

Haedo, seul, après Marmol, — qu'il copie peut-être — parle de cette tempête et d'une retraite immédiate de la flotte espagnole. Le silence des chroniques indigènes qui n'auraient pas manqué cette occasion de montrer le doigt de

Dieu dans un désastre de ce genre, celui des documents de l'Appendice, paraissent très significatifs.

Quant à la retraite immédiate de tous les navires, on a vu par ce qui se passa le 4 octobre, entre Diego de Vera et le gouverneur du Pégnon, qu'une partie de cette flotte était encore mouillée devant Alger.

Haedo — qui place à tort cette expédition en 1517 — dit qu'elle fut entreprise pour amener la restauration du fils de Selim et-Temi et surtout la destruction d'Aroudj qui devenait redoutable. Selon lui, le général espagnol, qu'il appelle *Francisco* de Vera, partit pour Alger à la tête d'une armada, dans laquelle se trouvait le jeune prince. Il avait d'ailleurs plus de 10,000 hommes. Mais en arrivant à la plage d'Alger, il survint une violente tempête qui jeta presque toute la flotte à la côte. Une grande partie des navires et des soldats se perdirent; un certain nombre se sauva à la nage. Aroudj sortit alors de la ville avec ses Turcs, tua ou fit captifs tous ceux qui avaient échappé à la mer (p. 52, col. 4).

Haedo, ordinairement si exact et si bien informé des choses de ce pays, n'est pas à la hauteur de sa réputation dans ce récit où les faits sont tronqués et altérés et où la date est inexacte.

Mariana, trop fidèle au système du cardinal Ximenès, n'a pas consacré une ligne à cette déplorable expédition, comme si le mutisme calculé d'un historien devait entraîner forcément le silence de l'histoire.

C'est du reste le procédé employé par Kheir ed Din dans son *Razaoual*, quand il se présente sous sa plume quelque fait peu honorable pour son cher frère Aroudj. Mais, cette fois, ayant à raconter une éclatante victoire, il sera prolixe, nous pouvons en être certains. En analysant son récit, nous aurons donné, par le fait, celui du *Zohrat* qui, dans cette circonstance comme dans les autres, copie assez fidèlement l'autobiographie du second Barberousse. S'il se présente d'ailleurs quelque divergence, nous ne manquerons pas de la signaler.

Kheir ed Din — car c'est lui-même, on ne l'a pas oublié, qui parle — explique l'attaque des Espagnols en 1516 par ce raisonnement qu'il attribue à leur grand conseil :

« Si les Turcs viennent à bout de s'établir solidement à « Alger et de réduire tous les pays d'alentour sous leur do- « mination, ils augmenteront nécessairement le nombre de « leur vaisseaux et de leurs troupes ; il ne nous sera plus « possible alors de naviguer ; et nos côtes mêmes ne seront « pas à l'abri de leurs insultes. Heureux celui qui pourra « acheter la tranquilité par un tribut annuel. »

Il ajoute que ce qui déterminait surtout les infidèles à ten- ter la conquête d'Alger, c'est qu'ils avaient dans le château bâti et occupé par eux sur l'îlot voisin un précieux point d'appui, d'où l'on pouvait inquiéter la ville par le canon et même par la mousqueterie. Aussi, répètent tous les chroni- queurs, l'aspect de cette forteresse était une épine qui per- çait le cœur des Algériens.

On a vu que le gouverneur du Pégnon comprenait parfai- tement, de son côté, le rôle que cette forteresse pouvait jouer dans une attaque contre Alger ; et que si elle demeura à peu près passive dans la funeste expédition de 1516, ce fut uniquement la faute de Diego de Vera.

Cette expédition — toujours selon Kheir ed-Din — comp- tait 15,000 hommes de débarquement sur 320 navires de toute grandeur. La liste des bâtiments qu'on a lue précédemment montre qu'ici le chiffre réel est presque décuplé.

Aroudj, à la tête de ses Turcs et des habitants, se chargea de la défense de la ville. Ni le *Razaouat* ni le *Zohrat* ne par- lent de la multitude d'Arabes et de Berbers qui prêtèrent leur concours, d'après les auteurs européens ; toutefois, ce fait est confirmé par un passage de la réponse du gouverneur du Pégnon à la réquisition de Diego de Vera. Mais on com- prend que le *Turc* Kheir ed-Din ait passé sous silence le concours de *Kabiles* et de *Mores* qu'il méprise en sa qualité d'Osmanli.

Le *Razaoual* — qui fait sans doute dater l'arrivée de la
flotte de l'apparition des premiers navires — dit que les Espagnols ne débarquèrent que quelques jours après que la
flotte eut mouillé ; et qu'alors Aroudj rassembla tous ses
moyens de défense, fit fortifier les points les plus importants
de la ville et ordonna d'arborer les étendards de guerre sur
les remparts.

L'ennemi s'approcha assez près de la ville, se mettant à
l'abri par de larges fossés ; et de là commença à canonner
Alger. Aroudj, craignant que ce mode d'attaque ne fût trop
avantageux aux chrétiens, proposa à sa troupe, dans un
grand divan, d'exécuter une sortie, ce qui fut unanimement
accepté. Fesant alors ouvrir les portes de la ville, il s'élança
le premier, et, suivi de son monde, courut sur les Espagnols
qui venaient à lui. Le choc des Turcs fut tellement impétueux que les chrétiens ne pouvant y résister, se réfugièrent
en toute hâte derrière leurs retranchements. Aroudj y péné-
nétra avec eux, s'empara de leur étendard ainsi que de leurs
tentes, et les poussa sabre en main jusqu'à la plage, où un
millier à peine put regagner la flotte, qui mit à la voile à
l'instant pour retourner au port d'où elle était partie.

Le *Zohrat* ne fait que paraphraser ce récit. La seule chose
qu'il y ajoute c'est qu'Aroudj vint avant l'action reconnaître
le camp espagnol et qu'en examinant les dispositions d'attaque et de retranchement, il ne put se défendre d'un sentiment
de surprise et même de vague inquiétude, surtout quand il eut
constaté les précautions prises par l'ennemi pour se mainte-
nir sans danger dans sa position. C'est alors que craignant
d'avoir plus tard trop de peine à l'expulser, il proposa l'attaque immédiate qui lui réussit si bien.

Dans leurs notes sur le *Razaoual*, MM. Sander Rang et
Denis disent (*Fondation*, etc., t. 2ᵉ, p. 157) que la flotte de
Diego de Vera (qu'ils appellent Francesco de Vero), mit à la
voile à la fin du mois de septembre 1516, emmenant avec
elle le jeune Yahya qu'on voulait rétablir dans le gouverne-

ment d'Alger qu'avait eu son père Salem et-Teml. Le 30 de
ce mois, on entra dans la baie d'Alger et l'on vint mouiller
fort près de la côte.

D'après Mayerne Turquet (cité par MM. S. Rang et Denis),
Aroudj, averti depuis longtemps qu'une expédition se préparait en Espagne, avait mis Alger en état de défense et avait
pu rassembler de nombreux combattants, parmi lesquels six
cents Turcs déterminés qu'il avait amenés de Caramanie.

Les esprits s'exaltèrent par la prédiction d'une femme qui
annonça la défaite des chrétiens dans cette expédition, puis
dans une deuxième qui la suivrait de près (Hugo de Moncada, en 1518) et même dans une troisième qui serait dirigée
par un grand prince (Charles-Quint, en 1541).

Le débarquement s'opéra avec assez de succès; mais
Diego de Vera, contre l'avis de ses capitaines, divisa son armée en quatre corps, de sorte que ces fractions, partout où
elles se présentèrent, se trouvèrent inférieures en nombre à
l'ennemi et furent partout culbutées. La cavalerie d'Aroudj
rendit la déroute encore plus sanglante.

Diego de Vera, voyant ce massacre, abandonna son monde, emmenant son fils avec lui. Après être resté caché une
partie de la journée dans des rochers, il parvint à se sauver
à bord d'un de ses navires. C'est probablement à cette circonstance que le gouverneur du Pégnon fait allusion quand
il rappelle le danger que ce général courut auprès de certaine montagne où il alla le secourir.

Malgré toutes les précautions du cardinal de Ximenès, les
détails de ce désastre se répandirent dans le public : les enfants mêmes s'en préoccupèrent, et quand Diego de Vera paraissait dans les rues en Espagne, ils le poursuivaient d'une
chanson dont voici le sens : *Certes, Vera n'a été ni fort, ni
habile, puisqu'ayant ses deux bras, il s'est laissé battre par un
manchot.*

Aroudj, on le sait, avait perdu un bras au siége de Bougie.

En résumé, l'expédition de Diego de Vera eut pour but de

dégager le Pégnon alors attaqué par Aroudj et de détruire l'établissement turc dans son berceau. Si ce capitaine général, dans sa lettre aux fils de Salem et-Temi, lui donne pour objet la restauration de la famille de ce chef, c'est avec l'évidente intention d'opérer, dans la population indigène, une diversion qui oblige le corsaire usurpateur à diviser ses forces. Les entreprises de l'aristocratie espagnole et les soulèvements du peuple gênent le recrutement du corps expéditionnaire et en retardent le départ.

A la date du 1er septembre 1516 (pièce no 18), Juan del Rio, collègue de Diego de Vera était d'avis que ce corps pouvait atteindre au chiffre de quatre ou cinq mille hommes : dans un autre document (no 19), Diego de Vera compte « plus de 1,000 soldats et plus de 2,000 marins, etc., » Personnel et matériel, tout fut embarqué sur une flotte de 30 à 35 voiles.

Le chef de l'expédition affirme que sa petite armée se compose de soldats d'élite ; le gouverneur du Pégnon déclare qu'il n'a pas amené assez de troupes et que ses trop peu nombreux soldats sont de ces pauvres jeunes laboureurs que la vue seule d'une arme ferait rentrer dans un trou.

A la date du 17 septembre, l'expédition est encore à Carthagène (no 20), et son chef écrivait qu'il irait d'abord à Fromentera (une des Baléares) pour enrôler et dresser la troupe que sa flotte emporte. Il s'y arrêtera quatre ou cinq jours à cet effet et aussi pour attendre les recrues qui, dit-on, lui sont envoyées de Navarre ; laissant d'ailleurs à Carthagène trois navires pour les recueillir s'ils viennent après son départ. Car on ne s'arrêtera à Fromentera que le temps nécessaire pour inscrire et exercer les hommes, afin qu'en mettant pied à terre à Alger, ils soient en état d'aborder immédiatement la muraille. Cette particularité donne une assez fâcheuse idée de l'instruction de ces soldats et confirme le jugement porté sur eux par le gouverneur du Pégnon.

Du 30 septembre au 3 octobre, les documents officiels sur l'expédition font défaut. Dans l'intervalle correspondant à cette lacune, Diego de Vera accomplit sans doute ce qui est indiqué dans le passage précédent. D'après des auteurs européens, il arriva le 30 septembre dans la baie d'Alger. Il est peu probable qu'il ait pris terre le même jour et les documents indigènes le disent d'ailleurs formellement : le débarquement, le combat, la déroute et le rembarquement auront donc eu lieu dans les journées des 1er et 2 octobre 1516.

Que se passa-t-il dans ces deux journées néfastes ? S'il est impossible de le dire avec détail, on peut du moins s'en faire une idée générale.

L'expédition arrivée tardivement, trop peu nombreuse et pas assez aguerrie, n'eut pas même l'avantage de surprendre l'ennemi qui avait fait ses préparatifs de défense de longue main. D'ailleurs, loin de chercher à lui dérober la connaissance de l'attaque qui le menace, on ne cherche pas même à lui en cacher le moment. Les navires arrivent par groupes — l'amiral le dernier et en plein jour — au lieu de se présenter en masse et avec ensemble ; et quand tout est rallié et que le débarquement devient possible, Aroudj et son monde avaient eu tout le temps de prendre leur poste de combat.

Cependant, d'après le gouverneur du Pégnon il y aurait eu encore des chances favorables, si l'on eût suivi son avis qui était de s'emparer d'un gros rocher situé près de la porte de la ville, où l'armée aurait eu ses derrières assurés et de l'eau à discrétion. Ce rocher n'est pas désigné autrement, mais il n'y a guère que celui où s'élevait le fort des Vingt-Quatre-Heures à qui la description puisse convenir.

Le gouverneur ajoutait que les batteries de l'île devaient battre le front maritime d'Alger. Diego de Vera voulut attaquer la ville par le haut, et exigea que l'artillerie du Pégnon tirât sur les quartiers les plus élevés, ce qui lui enlevait presque tout son effet à cause de la distance.

Nicolao de Quint donne sur le combat et la déroute des détails qui sans être complets sont assez caractéristiques quoique malheureusement racontés en un style fort obscur.

On entrevoit d'abord que les batteries du Pégnon, dont il avait sans doute modifié le tir d'après les phases de la lutte, firent un grand carnage des Indigènes, et aidèrent à la retraite des Espagnols, notamment lorsque le général en chef se trouva en très grand péril auprès d'une montagne. C'est alors que le gouverneur, jugeant inutile de rester dans sa forteresse, laquelle dans une mêlée ne pouvait frapper l'ennemi sans atteindre les troupes chrétiennes, alla en personne pour sauver Diégo et les siens. Il combat les Mores vainqueurs et cherche, mais en vain, à arrêter les fuyards espagnols. Voyant l'inutilité de ses efforts, il accourt aux galères, requérant les capitaines, au nom du roi, de ne pas laisser perdre tout ce monde qui s'entassait sur le rivage pour s'embarquer. Sa réquisition et ses prières furent vaines, et les galères qui prenaient déjà le large ne virèrent pas de bord. De là, le désastre où la plupart des soldats de Diego demeurent tués ou prisonniers.

Cependant, il n'est pas vrai, comme l'ont avancé quelques écrivains, que la flotte espagnole prit immédiatement la mer après la déroute. Il ne paraît pas vrai non plus que le commandement fût partagé entre Diego de Vera et Juan del Rio, qui périt dans ce grand désastre, ni par conséquent qu'il faille attribuer ce désastre à leur défaut d'entente. Dans la correspondance du Pégnon, Diego apparaît toujours comme seul chef et seul responsable. Il y a cependant un endroit de cette correspondance où il est question de la discorde des chefs, ce qu'il faut appliquer sans doute aux capitaines placés sous ses ordres.

La seule chose qui manque à ce récit — où nous trouvons par compensation des détails qui ne sont pas dans les autres — c'est la sortie en masse, dirigée par Aroudj, sur le camp espagnol que l'on commençait à fortifier, et où l'on avait même élevé une batterie. Mais cette sortie ne serait pas exposée clairement par les documents indigènes et même par quelques auteurs européens, que les faits énumérés ci-dessus la feraient deviner.

Nous ne terminerons pas ce résumé sans appeler l'attention du lecteur sur Nicolao de Quint, le brave et digne gouverneur du Pégnon. C'est un devoir, car jusqu'ici l'histoire a été si oublieuse à son égard, qu'elle ne cite même pas son nom et qu'on trouve dans les chroniques, que Martin de Vargas fut le seul et unique gouverneur du château de l'île d'Alger, pendant les dix-neuf ans que dura cette forteresse.

Hâtons-nous de faire la part très légère de la critique en lui reprochant d'avoir dit qu'il prendrait Alger et Barberousse, rien qu'avec ses propres moyens. Cette forfanterie, indigne d'un aussi brave soldat, est en outre une grave contradiction.

On a vu toutes les peines que Nicolao de Quint s'est données pour armer et ravitailler son poste, compléter et bien recruter sa garnison ; quand tout manque, jusqu'à l'eau, voyant qu'on paraît les oublier en Espagne, il va lui-même chercher de l'eau et le reste aux Baléares. Il y emploie son argent et vend son patrimoine pour être plus à même de rendre service à son roi et à son pays. Par un passage d'une de ses lettres, on voit qu'il avait déjà montré le même dévouement à Bougie, l'année précédente. Quand Diego de Vera est chassé de ses positions par Aroudj et ramené sur le rivage, Nicolao de Quint, oubliant qu'on a méprisé ses conseils, vole au secours de ses compatriotes, s'épuise en efforts d'abord pour les rallier, puis pour arrêter les galères, leur dernier espoir de salut.

Le gouverneur du Pégnon a seul un beau rôle dans cette désastreuse expédition ; il mérite bien que son nom prenne une place honorable dans l'histoire des entreprises chrétiennes contre la Régence d'Alger.

Dans ce rapide résumé, nous n'avons indiqué que les faits principaux de l'expédition. Les autres, déjà énumérés d'ailleurs y prendront naturellement la place qui leur appartient. Mais on peut, à la seule lecture de ce canevas, répéter avec le gouverneur du Pégnon : Le malheur est résulté du mauvais accord des chefs qui, sans conseil ni gens ont voulu faire des choses qui paraissaient (au Pégnon d'Alger) devoir causer leur perte. » (n° 21 de l'App.)

Abordons maintenant la deuxième et tout aussi malheureuse entreprise de l'Espagne contre Alger, celle qui fut dirigée par Hugo de Moncada.

1518. MORT D'AROUDJ. — EXPÉDITION DE HUGO DE MONCADA
SON PASSAGE A BOUGIE
SES RAZIAS AUPRÈS D'ORAN, SON ATTAQUE D'ALGER
ET SA DÉFAITE.

———

Aroudj se fortifiait de plus en plus en Algérie : l'échec de Diego de Vera lui avait donné une grande importance politique et militaire que ses conquêtes dans l'intérieur du pays vinrent encore augmenter. Le forban devenait décidément un fondateur d'Empire.

L'anarchie qui déchirait le royaume de Tlemcen lui fournit l'occasion de s'introduire dans la capitale de cet état ; et il y dominait depuis quelques mois, lorsque le prince dépossédé par lui vint l'assiéger dans le Méchouar, avec l'aide des Espagnols (1). On était alors au commencement de l'année 1518.

Après des efforts désespérés, l'aîné des Barberousse, reconnaissant qu'il ne pouvait plus tenir dans cette citadelle, s'en échappa pendant la nuit avec quelques compagnons. Nous avons déjà discuté, dans l'*Akhbar* et dans la *Revue africaine*, les circonstances très controversées de sa fin tragique. Nous allons reproduire cet intéressant épisode qui ne sera pas une inutile digression dans notre Notice sur le Pégnon d'Alger.

On aime à prendre dès le berceau et à suivre jusqu'à l'heure suprême les hommes exceptionnels à qui la provi-

---

(1) Aroudj tue le sultan Abou Zïan et ses sept fils; plus, soixante dix des principaux Abdelouadites et un millier ou davantage des notables de Tlemcen. Son pouvoir dura neuf mois. V. Chron. locales.

dence confie ou permet de saisir le rôle de fondateurs d'empires. Aroudj, l'aîné des Barberousses, fut un de ces personnages prédestinés. Son peuple n'a été, il est vrai, qu'une troupe de bandits, son royaume qu'un autre de Cacus ; mais, si méprisable qu'il soit, ce peuple a pourtant tenu la chrétienté en échec pendant plus de trois siècles. Une pareille durée, pour un tel État, est déjà un fait bien digne d'attention, ne fût-ce que comme singularité politique. L'histoire aura sans doute beaucoup à faire pour trouver la solution de l'étrange problème que l'existence prolongée d'une république de voleurs, organisée contre la civilisation chrétienne, et pourtant régulièrement reconnue par cette civilisation, a si longtemps posé devant la foi, l'humanité et la raison.

Mais nos visées ne s'adressent pas si haut dans l'humble travail que nous soumettons au lecteur ; nous voulons seulement détruire une erreur devenue populaire sur un point intéressant de l'histoire locale et la remplacer par un récit exact et que nous croyons bien solidement établi. Quoique le but soit fort restreint, l'œuvre n'est pas aussi facile qu'on pourrait le croire ; car rien n'est plus décousu, plus coupé de lacunes et semé d'incertitudes que les annales de l'établissement turc en Algérie. On dirait que, si le ciel — pour quelque dessein qui échappe à la vue humaine — a toléré temporairement de semblables États, il n'a pas voulu, du moins, que la mémoire trop complète et trop détaillée de leurs actes, tantôt ignobles, tantôt atroces, perpétuât le scandale de leur existence. Aroudj, l'énergique fondateur du pachalik d'Alger, est un exemple remarquable de cette sorte de prédestination à l'oubli : ses débuts et sa fin sont également enveloppés de nuages. On se demandait de son temps même, et à plus forte raison, aujourd'hui, l'on se demande s'il est fils d'un potier de terre, ou d'un gentilhomme français, ou d'un capitaine marchand d'origine grecque. N'ayant à nous occuper ici que de sa mort, nous nous hâtons de passer outre sur les nombreuses hypothèses relatives à sa naissance.

Les récits originaux qui se rapportent à cette mort n'abondent pas, et ils sont obscurs, tronqués ou mêmes contradictoires. Il en est un, pourtant, qui s'est fait accepter de préférence à tous les autres, quoiqu'il ait le double inconvénient de ne pas être vrai et d'être invraisemblable. Mais il se produisait sous le patronage du docteur Shaw, dont l'ouvrage est classique en Algérie et mérite de l'être, à certains égards. Cet ouvrage se trouve entre les mains de toutes les personnes qui s'occupent un peu sérieusement de l'histoire du pays. Il n'est donc pas étonnant que la version dont il s'agit — version où Shaw s'exprime d'ailleurs, comme s'il n'était que l'écho d'une tradition locale — soit devenue populaire. surtout dans la province de l'Ouest. Voici le passage auquel nous faisons allusion :

« On nous montra ici (près du gué de l'*Oued el-Malah*, ou
« Rio-Salado, route d'Oran à Tlemcen), dit le savant anglais,
« l'endroit où le vieux Barberousse (Aroudj) répandit son tré-
« sor, dernier effort qu'il fit pour arrêter la poursuite de ses
« ennemis, mais qui ne lui servit de rien. » (T. 1er, p. 66.)

Avant de discuter ce texte et les autres que nous avons à produire, il est essentiel de rappeler en quelques mots quelle était la situation d'Aroudj-Barberousse lorsqu'eut lieu la rencontre où il perdit la vie.

Aroudj avait à peu près soumis tout le littoral entre Alger et l'embouchure du Chélif, par la conquête de Miliana et du petit royaume de Ténès, quand une députation des notables de Tlemcen, venue pour réclamer son secours contre leur roi Abou Hammou, tributaire des Espagnols d'Oran, lui donna l'idée de rechercher à étendre son autorité jusqu'à la limite orientale du royaume de Fez.

Un excellent prétexte lui était offert par les indigènes eux-mêmes, qui demandaient la restauration de leur ancien roi, Abou Zian, qu'Abou Hammou retenait en prison après l'avoir détrôné. Introduit dans la ville, Aroudj s'y conduisit comme il avait fait à Alger : il tua le souverain qu'il était venu rétablir et s'imposa comme maître absolu aux pays qu'il avait feint de vouloir délivrer du joug des chrétiens. Sa tyrannie et ses cruautés le rendirent bientôt odieux aux deux partis, qui se rallièrent d'intention contre lui, en attendant une occasion de se déclarer plus ouvertement.

De leur côté, les Espagnols d'Oran qui s'approvisionnaient difficilement par mer, à cause des pirates barbaresques, comprirent que si le pouvoir turc prenait racine dans la contrée, les abondantes ressources de ravitaillement qu'ils y trouvaient ne tarderaient guère à se tarir tout à fait. Aussi, au commencement de 1518, ils vinrent en force assiéger Aroudj, qui fut obligé, faute de moyens suffisants, de se renfermer dans le Méchouar ou citadelle de Tlemcen.

Pendant qu'il s'y maintenait à très-grande peine, un renfort, que son frère Kheir ed-Din lui envoyait d'Alger (1), fut taillé en pièces par les Espagnols, à Kala des Beni Rachid, petite ville suspendue au flanc d'une montagne abrupte et située à une journée Est de Mascara (2), sur la route qui conduit de cette ville dans les vallées de la Mina et du Chélif, grande voie naturelle qui relie la partie occidentale de cette contrée avec le centre. Aroudj pouvait compter encore, il est vrai, sur un puissant secours promis par le sultan de Fez ; mais le secours ne paraissait pas, et il se voyait exposé, par les progrès du siége, à tomber prochainement dans les mains de ses ennemis. A bout de ressources, il s'échappa enfin du Méchouar, pendant la nuit, par un trou fait à la muraille, si ce n'est par un souterrain dont les assiégeants n'avaient pas connaissance. Cependant, les Espagnols, promptement in-

_____

(1) Il peut sembler étonnant qu'au début de la domination turque, et lorsque presque toute l'Algérie était encore insoumise, Kheir ed-Din ait pu envoyer un détachement d'Alger à Tlemcen. Mais les Turcs avaient des armes à feu dont les indigènes étaient dépourvus. Là est le mot de l'énigme.

(2) Lorsqu'en 1857, nous avons visité El-Kala des Beni Rachid, nous y avons trouvé le souvenir de cet événement, conservé par la tradition.

formés de sa fuite, le poursuivent et l'atteignent sur les bords de la rivière Huexda, où ils le tuent avec tous ses compagnons.

Sur ce simple et unique exposé, on s'étonne qu'Aroudj, laissant ses alliés de l'Ouest (le roi de Fez) derrière lui, s'enfuie par la route de l'Est, où il était sûr de rencontrer l'ennemi. Il a fallu l'autorité de Shaw pour faire accepter une pareille invraisemblance. Aroudj avait trop les instincts et les habitudes militaires pour choisir une ligne de retraite qui le plaçait entre les Espagnols de Tlemcen et ceux d'Oran. Eût-il pris le chemin de Mascara, que sa situation n'aurait pas été meilleure, puisque les chrétiens, qui avaient pu arriver déjà jusqu'à El-Kala, n'auraient pas manqué d'y revenir pour lui couper la retraite, si même ils n'y étaient restés avec cette intention. Des idées aussi élémentaires ont dû se présenter nécessairement à l'esprit des Espagnols, alors qu'ils connaissaient parfaitement la situation désespérée de Barberousse, qui ne se voyait plus d'autre chance de salut que la fuite.

L'assiégé du Méchouar n'avait donc à opter qu'entre les steppes des hauts plateaux, les solitudes sahariennes et la frontière occidentale. Le choix ne pouvait être douteux : les deux premières directions exigeaient des détours considérables, dans des pays sans ressources, où la domination turque ne possédait pas encore le moindre point d'appui. Il est évident qu'il a dû suivre sans hésitation la ligne de retraite la plus courte, celle où il n'avait pas à craindre d'être pris entre deux feux par les Espagnols, et qui le conduisait même à la rencontre de l'armée de secours promise par le sultan de Fez.

Le bon sens militaire de M. le général de Montauban ne s'y est pas mépris, témoin la note suivante que M. Léon Fey tenait de lui et qu'il a imprimée dans son *Histoire d'Oran* (p. 33) :

« Pourquoi admet-on, dit l'honorable général, qu'Aroudj,

« qui avait demandé du secours au roi de Fez, cherchait à
« fuir dans la direction de l'Est, gardée par ses ennemis ?
« Ne serait-il pas plus simple de croire qu'il s'est enfui du
« côté du secours ? Et, dans ce cas, *Huexda* (1) trouverait
« une signification facile : la rivière serait la rivière d'Ou-
« chda ou l'oued Isly. »

L'étude des textes que nous allons citer montrera que M. le
général de Montauban a pressenti la véritable direction de la
fuite d'Aroudj, ainsi que le lieu de sa mort. Il ne nous laisse
donc d'autre tâche que de faire la preuve de ses heureuses
conjectures.

Commençons par la pièce la plus importante du litige his-
torique qu'il s'agit de juger ; c'est le diplôme par lequel
l'empereur Charles V accorde des armoiries à l'enseigne Garcia Fernandez de La Plaza, qui avait tué Aroudj de sa propre
main. Nous traduisons *littéralement* de l'espagnol la partie
essentielle de ce document d'une authenticité indiscutable,
et qui prouve combien sont incomplètes et inexactes les relations de ce fait qui ont eu cours jusqu'ici.

L'empereur s'adresse directement à l'enseigne de la Plaza
en ces termes :

« Vous, Garcia Fernandez de la Plaza, enseigne (Alferez)
dans la compagnie de Diego de Andrada, un de nos capitaines, vous qui êtes né à Tinéo, dans la principauté des As-
turies ; — vous nous avez rendu quelques bons et loyaux services dans l'expédition que nous avons envoyée, au commencement de cette année 1518, au royaume de Tlemcen, contre le Turc Barberousse, qui s'intitulait roi des royaumes de
Tlemcen, de Tunis et d'Alger, qu'il possédait tyrannique-
ment après en avoir expulsé les souverains indigènes, nos
vassaux et alliés, que nous avons actuellement rétablis dans
leurs possessions.

(1) C'est le nom que les auteurs espagnols donnent à la rivière près de laquelle Aroudj a été tué

« Par la présente, nous vous accordons, pour armoiries, un écu avec la tête et la couronne dudit Barberousse, sa bannière et son cimeterre, au naturel, sur champ de gueule, et avec cinq autres têtes de Turcs pour orle dudit écu ; le tout en signe et souvenir que vous avez gagné ces armes au service de Dieu et au nôtre, de la manière suivante :

« Il y a six mois environ, Barberousse était assiégé par un détachement de notre dite expédition dans la citadelle de Tlemcen où il s'était réfugié et faisait ferme ; mais se voyant sur le point d'être pris ou tué par nos gens, en raison de leurs attaques, des mines que l'on faisait jouer, des murs anciens et de ceux successivement réparés par les siens qu'on lui détruisait, il sortit une nuit de cette forteresse avec certains Turcs et Kabiles de son parti.

« Accompagné de quelques soldats de nos troupes et excité par votre zèle à notre service, vous l'avez poursuivi avec bon courage et énergie, avec grande fatigue et danger pour vos personnes et vous l'avez atteint à vingt-trois lieues de Tlemcen, dans le royaume de *Dugudu*, sur la montagne qu'on appelle *Mecenete*. Là, Barberousse, vous voyant arriver avec quarante-cinq chrétiens, s'enferma, lui, trente fusiliers Turcs et quelques Kabiles (1), dans un parc à bestiaux qu'il y avait dans cette montagne. Il répara ce poste, il y fit certaines traverses pour se défendre. Mais vous, décidé à mettre fin aux maux que cet homme avait causés, aux tyrannies qu'il avait commises dans lesdits royaumes, vous l'avez attaqué dans cette position. Car bien qu'il y eût là, à sa poursuite, beaucoup de Kabiles et d'Arabes au nombre de plus de 15,000, et comme campés en cet endroit, cependant ils n'osaient l'attaquer par crainte du mal que ses fusiliers leur avaient fait et qu'ils leur pouvaient faire encore. De sorte

(1) En général, les auteurs espagnols entendent parler des Kabiles ou Berbers quand ils emploient le mot *Moros*. Les Arabes sont appelés par eux *los Alarabes*. Ce dernier mot, où l'article s'est soudé avec le substantif, vient évidemment de *El Areub*, les Arabes.

que, par le fait, vous et les quarante-cinq chrétiens, l'avez seuls combattu, entrant dans ledit parc sans y être aidés par les Kabiles; et vous, Enseigne, vous avez été le premier à l'assaut. C'est ainsi que, votre monde et vous, vous avez pénétré pour combattre dans l'endroit où était Barberousse avec qui vous avez lutté corps à corps et l'avez tué, de même que quelques Turcs qui le venaient secourir ; ainsi que le tout est public, notoire et nous est attesté par des témoignages authentiques qui ont été présentés devant nous, dans le conseil de guerre.

« Ces armes à vous accordées, il est de notre grâce et volonté que vous, vos fils, vos petits-fils et descendants, à tout jamais, vous les puissiez porter et les portiez sur vos housses, maisons et portes d'icelles, ainsi que sur les autres objets et dans les autres endroits que vous et eux et qui que ce soit d'entre vous, voudrez et aurez pour bon de les avoir peintes, ou sculptées, sur un écu semblable à celui que nous vous donnons, etc. »

(V. GOMARA. Cronica de los Barbarojas , à l'Appendice , p. 159.)

Ce récit indique que le combat où périt Aroudj, se livra à 23 *lieues de Tlemcen*, dans le *royaume de Dugudu* sur la montagne qu'on appelait *Mecencte*.

Voyons ce que disent sur le même sujet les autres autorités contemporaines :

D'après la chronique de Gomara, le fait a eu lieu dans le *Sahara*, sur une *petite montagne* (p. 49).

Selon Haedo, il se passa à *huit lieues de Tlemcen*, avant une *grande rivière* qu'on appelle *Huexda* (feuillet 54, colonne 4).

Cardonne, dans son Histoire d'Afrique, écrit que les Espagnols atteignirent Aroudj près de la *rivière Hemeda* (t. 3, p. 33). Cette partie de son ouvrage est écrite d'après Mohammed Abd el-Djali, auteur d'une histoire des sultans de Tlemcen.

Sandoval, évêque de Pampelune, raconte, dans sa Chronique, que les Espagnols commencèrent à apercevoir Aroudj dans le *Désert* qui fait partie du *royaume de Dubdu*, à 30 *lieues de Tlemcen*. (V. Fondation de la Régence d'Alger, t. 2, p. 176.)

Un anonyme, auteur d'un Appendice à l'histoire des rois de Tlemcen d'Abou-Zakaria Yahya Ebn Khaldoun (1), nous apprend que les Espagnols atteignirent Aroudj au *Djebel Beni Moussa*. (Manuscrit arabe, n° 862, de la bibl. d'Alger, fol. 61, verso) Un peu plus loin, il ajoute que « de Tlemcen il se dirigea vers la *montagne des Beni Iznassen*. » (V. ibidem, fol. 63.)

Enfin, M. Ximenès de Sandoval cite un ancien sommier de propriétés appartenant à un indigène de Tlemcen et qui donne aussi le nom de *Djebel Beni Moussa*, à l'endroit où Aroudj fut tué. (V. Cronica de los Barbarojas, p. 49, note 2°.)

Les variantes de ces désignations topographiques, l'altération même de quelques-unes, n'empêchent pas de dégager le point essentiel qui est l'orientation. Parmi les localités auxquelles elles s'appliquent, deux nous sont connues : *Dugudu* ou *Dubudu* (Debdou) et les *Beni Iznassen*, que nos cartographes ont changé abusivement en *Beni Snassen* Or, Debdou est une ville *marocaine*, chef-lieu d'un canton jadis qualifié de royaume (V. Marmol, t. 2, p. 298) : et les Beni Iznassen sont des montagnards *marocains* qui confinent notre frontière occidentale au nord, sur la rive droite de la Moulouïa, tandis que le canton de Debdou y touchait également, mais plus au sud, et sur la rive gauche de cette même rivière. On peut donc affirmer maintenant, et preuves en mains, qu'Aroudj fit sa retraite dans la direction de l'ouest.

Au nom de Dugudu, ou Debdou, le privilège impérial ajoute la mention d'une montagne, *Mecenete*. Gomara indique aussi une montagne, sans toutefois en donner le nom ; mais l'A-

---

(1) Le frère de l'auteur de l'*Histoire des Berbers*.

nonyme et M. Ximenès de Sandoval, s'accordent à l'appeler *Djebel Beni Moussa.* Si *Mecenete* est une altération de *Moussa* ou même d'*Iznassen,* il faut avouer qu'elle est un peu forte ; quoiqu'elle ne le soit pas autant que le mot *Miramolin* employé dans le moyen-âge pour désigner l'*émir el-Messelmin.*

Gomara place le lieu de la scène dans le *Sahara.* Or, on sait que la contrée où coule la Moulouïa, celle dont il s'agit ici, reçoit et mérite très-bien la qualification de désert. C'est même le nom consacré du pays d'Angad qui en fait partie.

Haedo et Cardonne mentionnent une rivière que l'un appelle *Huexda* et l'autre *Homeda,* deux mots dont le dernier paraît être une déviation de l'autre. Pour ramener *Huexda* à notre système de transcription des mots arabes et en retrouver ainsi la véritable prononciation locale, il suffit de rappeler que les Espagnols figurent le *ou* des indigènes par les syllabes *hu* et *gu,* écrivant *hued* pour *oued* et *Guadalquivir* pour *oued el Kebir* ; enfin qu'ils représentent le *chin* par un X, rendant par *Xaban* le nom propre *Chaban.* En tenant compte de ces deux circonstances, *Ouchda* se retrouve dans *Huexda,* sans la moindre difficulté. Or, *Ouchda* est, parmi les Européens, la prononciation consacrée du nom de cette ville marocaine dont l'appellation vraiment exacte, *Oudjda,* est difficile à rendre pour l'organe vocal d'un chrétien.

Les distances indiquées, par les divers récits, entre Tlemcen et l'endroit où périt Aroudj, sont 8, 23 et même 30 lieues. Si l'on applique sur les meilleures cartes le chiffre 23 qui nous est fourni par le document le plus digne de confiance — le diplôme impérial — on est amené sur Oued Isly, ou Tafna supérieure, qui est la rivière d'*Ouchda* ; précisément sur la route qui, de Tlemcen, conduit aux montagnes des Beni Iznassen.

Les conclusions de ce qu'on vient de lire peuvent se renfermer dans ces quelques lignes :

Aroudj-Barberousse, fuyant dans la direction des Beni Iznassen, a été tué à 92 kilomètres Ouest de Tlemcen, sur la montagne des Beni Moussa, près de l'oued Isly, ou rivière d'Oudjda, dans une contrée déserte faisant alors partie du canton de Debdou.

A ceux qui penseraient que ce résultat est bien peu de chose pour une aussi longue dissertation, nous pourrions dire qu'il faut pourtant multiplier ce genre de recherches et de discussions minutieuses, si l'on veut combler les lacunes de l'histoire de la domination turque en Algérie et la purger de la multitude d'erreurs plus ou moins grossières et pourtant acceptées, qui la déparent, même dans les ouvrages réputés les plus estimables.

Il serait intéressant de vérifier si la tradition rapportée par Shaw, et qui place au *Rio Salado* le lieu de la mort d'Aroudj, existe encore parmi les indigènes de cette localité et de la recueillir dans ses plus grands détails. Il faudrait rechercher d'un autre côté, sur la frontière du Maroc, s'il y reste quelque souvenir de la fin tragique d'Aroudj, tâcher de retrouver le *Djebel Beni Moussa*, la montagne de *Mecenete*, etc. C'est une œuvre que nous recommandons à nos correspondants de la province de l'Ouest.

Déjà, M. Mac-Carthy nous a fourni un renseignement qui semble mettre sur la voie d'une solution : il connaît, à 21 kilom. en ligne droite au Sud-Ouest d'Oudjda, et à gauche de la route qui conduit de cette ville à Fez, une koubba dite de Sidi *Moussa*, chez les Oulad Sidi *Moussa*. Cette koubba est sur l'oued Is'y, *près d'une ruine*. Ceci rappelle le passage où Marmol dit, en racontant la mort d'Aroudj : « Le général espagnol s'étant mis à ses trousses en personne, l'atteignit près d'une colline où il fit ferme à la faveur de quelques *ruines d'une ancienne forteresse.* » (T. 2e p. 341.)

Ajoutons à ces indications celles que M. Schousboë interprète principal de l'armée, a recueillies lors de la dernière campagne du Maroc, dans la contrée qui fut très probablement le théâtre de la mort d'Aroudj ; et qu'il donne en ces termes :

« Il y a une koubba de Sidi Moussa ben Abd el Ali, sur la rive droite de l'Isly, à 28 kilomètres environ au Sud-Ouest d'Oudjda. Une petite chaîne de montagnes qui longe l'Isly en cet endroit porte le nom de Djebel Metsila et est sur le territoire de la tribu de Zekkara. »

« A trois kilomètres au Sud de cette koubba, on trouve, sur la rive gauche de l'Isly, une vieille construction de pierre carrée, en pisé, dont la façade Ouest mesure 130 pas de longueur, tandis que les faces Nord et Sud n'en ont que 80, le côté Est n'existe plus. Cette ruine est connue dans le pays sous le nom de قصر عاجحة et on en fait remonter l'origine à Moula Ismaïl ben Ali, ancien souverain du R'arb (Maroc) ou au personnage légendaire connu sous le nom de *Leblak el Fortas.*

« Il existe une autre koubba près de Koudiat Abd er-Rahman, non loin du champ de bataille d'Isly, et à 12 kilomètres au Nord-Ouest d'Oudjda. Cet oratoire connu sous le nom de Sidi Ahmed ben Moussa est situé tout près des montagnes de Megueres et de Meceret, territoire des Beni Attigue, fraction de la grande tribu des Beni Iznassen, vulgairement appelés Snassen. Ces Beni Attigue se subdivisent en deux parties dont l'une porte le nom de Beni Mouissi. Il y a, dit-on, dans cette montagne une ruine de ville romaine avec des pierres portant des inscriptions. »

On nous promet d'autres renseignements sur ce terrain intéressant ; nous ne voulons pas entamer une discussion proprement dite avant d'avoir ces nouveaux éléments à notre disposition. Mais lesons remarquer dès aujourd'hui que les Beni *Mouissi* et le Djebel *Mecerete* indiqués par M. Schousboë rappellent beaucoup les *Beni Moussa* et la montagne de *Mecenete* de nos auteurs.

Nous ne prolongerons pas davantage une digression utile sans doute mais qui ne doit pas usurper de plus amples proportions.

La mort d'Aroudj parut en Espagne une occasion favorable

d'attaquer Alger de nouveau, cette fois avec l'espoir, assez bien fondé en apparence, de ruiner un établissement naissant que la perte imprévue de son fondateur devait mettre en très grand péril. Kheir ed Din passait déjà, il est vrai, pour un habile homme de mer ; mais les occasions lui avaient manqué jusque-là de prouver qu'il n'était pas moins bon capitaine sur un autre élément.

Les espérances que la mort d'Aroudj et la destruction des Turcs qu'il avait amenés avec lui dans l'Ouest et de ceux que son frère lui avait envoyés de renfort avaient fait concevoir aux Espagnols, étaient assurément très bien fondées en principe. Elles se seraient certainement réalisées, si la rapidité des attaques eût été à la hauteur de la justesse des conceptions.

Kheir ed Din appréciait si bien sa situation à cet égard qu'il voulut un instant quitter Alger et se retirer dans le Levant. De fait, les soldats turcs, sa principale force, étaient réduits à un petit nombre. Il supposait d'ailleurs que le marquis de Comarès s'efforcerait de tirer tout le parti possible de sa victoire et que, secondé par le roi de Tlemcen, il viendrait le relancer jusque dans Alger.

En effet, le gouverneur d'Oran, en rendant compte au nouveau souverain, Charles-Quint, de ses brillants succès, lui exposa tout ce que la conjoncture présentait de favorable pour aller étouffer la piraterie barbaresque dans son principal repaire. Il demandait une flotte avec des troupes de débarquement pour s'emparer d'Alger et laver par cette conquête l'humiliation de l'échec subi par Diego de Vera.

Mais lorsque Kheir ed Din vit que le marquis de Comarès, cessant de poursuivre ses avantages, était rentré à Oran et que même il avait renvoyé une portion notable de ses troupes en Espagne, il reprit courage et écouta la parole de ses compagnons, qui lui conseillèrent de ne pas abandonner la partie. Il se laissa donc proclamer sultan d'Alger en qualité de successeur de son frère Aroudj. En homme habile, qui comprenait fort bien qu'un titre qui lui était contesté par une puissante nation chrétienne et même par une très grande partie de ses prétendus sujets, risquait fort de n'être qu'un vain mot, il chercha un point d'appui solide qui pût suppléer efficacement à sa faiblesse actuelle. C'est ce qui lui suggéra la pensée de faire hommage de ses Etats au grand sultan comme un pachalik qu'il reconnaîtrait tenir de lui seul. Sélim accepta le cadeau, nomma Kheir ed Din pacha et lui envoya 2,000 hommes des mieux disciplinés, proclama en outre que ceux qui voudraient aller guerroyer en Algérie y seraient transportés par ses soins et considérés comme des janissaires ayant droit aux mêmes avantages que la milice de Constantinople.

Telle était la situation des choses quand l'expédition de Hugo de Moncada fut en mesure de commencer ses opérations. Ce serait peut-être ici l'occasion de parler de la croisade prêchée contre les Turcs par Léon X ; mais cela couperait notre récit par une trop longue digression. D'ailleurs, une occasion naturelle d'y revenir se présentera bientôt.

L'armée espagnole n'était pas cette fois — comme dans la tentative de Diego de Vera — une troupe de jeunes laboureurs étrangers au métier des armes. C'étaient ces redoutables vieilles bandes dont le prestige, alors dans tout son éclat, ne devait s'affaiblir que longtemps après sous les coups du grand Condé, dans les champs de Rocroi. Et, cependant, malgré l'heureuse réunion d'une infanterie excellente, éprouvée par les guerres d'Italie, avec l'élite des soldats d'Oran, rompus aux combats africains, le résultat fut encore plus malheureux.

L'expédition de Hugo de Moncada n'est pas plus mentionnée dans l'*Histoire d'Espagne* de Mariana, que ne l'a été celle de Diego de Vera. On connaît maintenant la cause de ce silence calculé.

On comprend moins que la *Biographie universelle*, à l'article de ce général espagnol, ne dise pas un mot de son échec de 1518.

L'aperçu sur l'État d'Alger, publié en 1830, un peu avant la conquête (ouvrage anonyme que l'on attribue au général Loverdo), consacre seulement quelques lignes à l'entreprise de Moncada (p. 19) ; et il la place en 1517, c'est-à-dire un an avant l'époque où elle eut lieu en effet.

Ces erreurs, ces lacunes regrettables, dans des ouvrages très estimables d'ailleurs, proviennent de ce que les auteurs ont négligé de remonter aux sources qui sont les chroniques du temps ; nous nous efforcerons d'éviter cet écueil.

Un des écrivains contemporains de ce grand désastre, Francisco Lopez de Gomara, raconte ainsi les faits dans sa *Chronique*, pages 5 et suivantes :

« A cette époque — celle de la mort d'Aroudj, — Don Carlos de Flandres (Charles-Quint), élu récemment empereur en Allemagne (il ne le fut qu'en 1519), vint en Espagne (à Sarragosse, 15 mai 1518). Sitôt qu'il fut au courant des affaires de Berbérie, il envoya un message à Don Hugo de Moncada, qui se trouvait alors en Sicile, avec 4,500 soldats espagnols de vieilles troupes, lui donnant l'ordre de les amener à Alger, contre Barberousse, afin de détruire cette ville rebelle et son nouveau souverain. Peu après avoir reçu cette dépêche, Don Hugo partit de Sicile pour Alger avec les 4,500 soldats ; mais il passa par Oran, comme il lui avait été enjoint, pour y prendre les troupes disponibles. Il arriva ensuite à Alger sain et sauf, avec toute sa flotte, mit son monde à terre, ainsi que l'artillerie et les vivres. Pendant huit jours qu'il passa sous les murs de la ville, il fit de très bonnes choses, s'emparant de la montagne, tuant un grand nombre de Turcs dans des escarmouches et prenant beaucoup de Mores et d'Arabes. Après ces huit jours, la passion et la discorde se mirent entre Don Hugo et le capitaine Gonzalo Marino (1), homme habile, sage à la guerre et de bon

(1) La typographie locale n'ayant pas l'*n tilde* des Espagnols, nous avertissons que *Marino* doit se prononcer *Marigno*.

conseil, sans l'avis et l'aveu duquel rien ne se pouvait faire dans cette entreprise, d'après ce que l'Empereur avait ordonné (1).

« Gonzalo Marino disait qu'il ne fallait pas combattre en rase campagne, ni attaquer, ni escalader la place, jusqu'à l'arrivée de Moula Abd-Allah, roi de Tlemcen, qui devait venir à leurs secours avec beaucoup de monde ; lequel ne pouvait tarder, puisqu'il était proche et qu'il y avait plusieurs jours qu'on l'avait appelé et aperçu.

« Don Hugo prétendait que lui seul et ses troupes suffisaient pour donner la bataille et prendre la ville.

« Ils furent tous deux si divergents et obstinés sur ce chapitre, que Don Hugo, furieux de ce qu'étant capitaine général on ne faisait pas ce qu'il voulait, ce qui lui semblait et lui convenait, ordonna la retraite de l'armée et l'embarquement, lequel fut achevé, personnel et matériel, la veille de la St-Barthélemy (23 août), de l'année 1523 (lisez 1518). Dans la nuit, il s'éleva une si grande tempête, que la majeure partie de la flotte alla à la côte : il se perdit là 26 gros navires, sans compter bon nombre de petits. Le lendemain matin, on reconnut que beaucoup de capitaines, soldats et chevaliers s'étaient noyés, triste spectacle et de grande compassion. Il n'était pas moins déplorable de voir la quantité considérable de captifs qui restèrent ce jour-là au pouvoir des Turcs et des Mores et dont beaucoup furent tués, par ordre de Barberousse, pour venger, disait-il, la mort de ses frères (2). Car il savait à qui il avait affaire, et que c'étaient des soldats espagnols de la garnison d'Oran. Ce qui resta de la flotte leva l'ancre et s'en fut.

---

(1) Ce Gonzalo Marino était gouverneur de Bougie en 1513 où il s'attira une attaque des Kabiles pour avoir le premier, rompu les trèves, imprudence qui motiva son remplacement par le capitaine Don Ramon Carroz. — Mariana, t. 2° p. 642.

(2) Ishak et Aroudj, frères de Kheir ed Din, avaient péri, l'un à la prise de Kalaa des Beni Rachid, l'autre sur les bords de la rivière d'Oudjda ou Oued Isly.

« Ce désastre et cette perte furent des plus grands que les nôtres aient souffert sur la côte d'Afrique; on les ressentit d'autant plus vivement, quand on sut que cela arriva par la faute du général. Car, certainement, si Don Hugo avait eu la patience de suivre le conseil de Gonzalo Marino et d'attendre le roi de Tlemcen, comme il avait le courage (qu'il fallait) pour attaquer Alger et le prendre, on n'aurait point perdu la flotte, tant d'Espagnols n'auraient pas péri et il eût été facile de s'emparer de la ville.

« J'ai ouï dire à de très-bons soldats de cette époque, Italiens comme Espagnols, que Don Hugo était le plus vaillant capitaine et soldat et le plus doué de qualités (militaires) de tous ceux qui d'Espagne ont passé en Italie »
(GOMARA, *Cron*, etc., p. 52. — V. aussi *Fondat*. 2, 185, etc.)

Selon Haedo (55, col. 1, 2), « Don Hugo de Moncada, chevalier de St-Jean, qui avait bravement combattu en Italie sous le Grand capitaine, et après lui, était parti de Naples et Sicile avec une flotte de plus de 30 navires, 8 galères et quelques brigantins, où il y avait plus de 5,000 hommes et beaucoup de vieux soldats espagnols, spécialement les compagnies qui avaient défendu longtemps l'Etat de Francisco Maria de Monte Feltrio, duc d'Urbino, et qui étaient très braves. Charles V, nouveau roi d'Espagne et de Naples, les envoyait pour chasser Barberousse d'Alger. Car on pensait qu'après la mort récente de son frère, il devait être mal en mesure (de se défendre). Arrivés à la plage d'Alger, par une tempête qui s'éleva subitement, la plupart des navires donnèrent à la côte; et les Arabes et les Mores de la campagne, ainsi que les Turcs de Barberousse sortis d'Alger, firent un grand massacre des chrétiens et en prirent beaucoup prisonniers, gagnant, en outre, de très riches dépouilles.

« C'est à peine si Don Hugo, avec quelques hommes et quelques navires, put se sauver. »

On aura remarqué sans doute que, d'après ce récit, il n'y

aurait pas eu de débarquement, ce qui est contredit par les autres autorités

Paul Jove dit que Don Hugo débarqua et mit son monde en bataille, que Barberousse sortit pour le combattre, le défit, et le força à se rembarquer avec grande perte ; et que ce fut après son rembarquement que survint la tempête qui jeta ses navires à la côte et donna aux Turcs d'Alger, ainsi qu'aux Arabes du dehors l'occasion de tuer et de prendre beaucoup de chrétiens.

La version de Paul Jove s'accorde assez avec le récit des Algériens, que nous empruntons à l'auteur du *Zohrat* (p. 59, etc.) et au *Razaouat* (t. I. 106, etc.). Ce dernier étant le plus complet, nous le prenons pour base ; il ne faut d'ailleurs jamais perdre de vue que l'auteur de cette chronique est précisément Kheir ed Din, qui combattit dans cette journée.

« Le sultan de Tlemcen, marchant sur Alger, n'était plus qu'à quelques lieues de cette ville, lorsque Kheir ed-Din, qui l'attendait de pied ferme, aperçut tout à coup les vaisseaux des chrétiens qui s'avançaient à pleines voiles. Il les avait découverts à midi ; et, vers quatre heures du soir, ils étaient déjà mouillés près du rivage. Le chef de la flotte espagnole lui écrivit de songer au sort de ses frères Ishak et Aroudj et d'éviter, en se rendant, un destin analogue. » (Kheir ed-Din fait une réponse qui se résume dans cette phrase : Le sabre décidera qui de vous ou de moi sera le plus digne de commander à cette ville.)

Les troupes espagnoles débarquent le jour même de leur arrivée (17 août 1518). Le *Zohrat* dit *une partie seulement des troupes ;* et il ajoute que l'attaque suivit de près le débarquement.

Kheir ed-Din laisse 300 Turcs et autant de Mores pour la garde d'Alger, et il choisit 5,000 hommes pour faire une sortie en temps opportun. L'ennemi emploie deux jours entiers à débarquer son artillerie et ses munitions ; puis il se divise en deux corps, dont l'un aborde la ville du côté du Midi et l'autre du côté du Nord. En même temps, les vaisseaux s'embossent devant la ville, qui se trouve ainsi attaquée par terre et par mer.

« Kheir ed-Din, pensant que le moment était venu de faire une sortie, divise son monde en trois corps, allant tantôt à l'aile droite, au centre et à l'aile gauche. Toutes ses dispositions faites, il attaque les Espagnols dans leurs retranchements et leur fait éprouver un tel échec qu'ils se débandent et courent vers leurs vaisseaux. Les Musulmans en font un horrible carnage ; et, des 20,000 hommes débarqués, 6,000 à peine atteignent la plage, où le canon de la flotte pouvait les protéger. Cela n'arrêta pas la poursuite des Musulmans, qui ne cessent de combattre qu'à la nuit. (Le *Zohrat* dit que le combat fut meurtrier pour ces derniers.)

« Une tempête, qui survint alors, empêcha les Chrétiens de regagner leurs navires ; mais ils se fortifièrent de leur mieux, et l'artillerie de la flotte les mettait à l'abri des attaques des Musulmans, jusqu'à ce que Kheir ed-Din, ayant fait transporter quelques grosses pièces d'artillerie vis-à-vis de leur camp, ne cessa de les inquiéter pendant quarante-huit heures que dura la tempête.

« Le troisième jour, la mer s'étant calmée, les Espagnols se rembarquèrent ; mais la flotte était à peine un peu éloignée de la baie qu'un nouveau coup de vent jeta à la côte la plupart des bâtiments. »

On fit ainsi 3,036 prisonniers, parmi lesquels se trouvaient le commandant de l'armée et celui de la flotte. Ce dernier fut sacrifié plus tard au fanatisme des oulema, ou, pour mieux dire, à la crainte que les Turcs avaient de leurs nombreux esclaves, qui avaient conspiré, d'accord avec leurs chefs et d'intelligence sans doute avec la garnison espagnole du Pégnon, pour recouvrer leur liberté. Kheir ed-Din fit trancher la tête à ce commandant, que les relations indigènes qualifient de *général*, et à 35 autres officiers espagnols.

Il va sans dire que ce prétendu général était sans doute

quelque officier supérieur que les Algériens qualifiaient ainsi pour rehausser le prix de leur victoire. En tous cas, ce n'était pas Hugo de Moncada, qui mourut en Europe, dix ans après sa défaite devant Alger.

Le roi de Tlemcen ne fut, dans tout ceci, qu'un spectateur très éloigné: en apprenant la défaite des Espagnols, il abandonna précipitamment le territoire algérien et se retira dans ses Etats.

Le *Razaouat* et le *Zohrat* s'accordent si bien dans ce récit et le font avec des expressions tellement identiques qu'il est évident que c'est un seul et même texte.

Il ne paraît pas que la garnison du Pégnon ait joué un rôle actif dans cette affaire, sauf lorsqu'il s'est agi de traiter de la rançon des prisonniers.

Marmol, autre contemporain ou peu s'en faut, nous donne cette version:

« Martin de Argote (1), arrivé à Oran, trouva au port de Mers-el-Kebir, Don Hugo de Moncada, qui voguait contre cette ville avec l'armée navale d'Espagne, parce que Bou Hammou et le gouverneur de Tlemcen s'étaient offerts de l'aller assiéger par terre, pour dénicher de là ces corsaires qui incommodaient si fort le royaume de Tlemcen, et faisaient tant de désordre sur la côte d'Espagne (2). Moncade commandait plusieurs bonnes troupes; et, avant que de sortir du port, il résolut avec les chefs, d'aller enlever du bétail dans les plaines de Céfine (3), qui est une grande habitation (canton) près d'Oran, où sont plusieurs douars d'Arabes et de Berbers. Prenant donc la route du vieil Arzeu pour tromper les espions des Maures qui étaient aux portes d'Oran, ils tournèrent tout court, sur le minuit, vers cette habitation-

_____

(1) On trouve dans Mariana (t. 2e, p. 642) qu'en 1513, Martin de Argote fut envoyé à Oran comme lieutenant du marquis de Comarès.
(2) Ce passage n'est pas clair.
(3) Ce doit être le pays de Garabas, dans la plaine du Sig.

mais ils ne purent arriver avant le soleil levé, parce que leur guide les jeta dans une ravine si étroite qu'ils eurent de la peine à s'en tirer. Alors, ils donnèrent sur trente-cinq villages d'Arabes qui étaient dans ces cabanes ; et, les prenant au dépourvu, parce que leur cavalerie s'était avancée vers Arzeu, ils enlevèrent 15,000 pièces de gros et de menu bétail qui étaient dans les montagnes voisines. Mais tout le reste de ces barbares s'étant sauvés, ils ne firent que 100 prisonniers, et retournèrent victorieux à Oran avec ces dépouilles.

« Au même temps, les troupes s'étant embarquées, arrivent, avec bon vent, sur la côte d'Alger, où elles descendent au couchant de la rivière de Matifou ; puis, marchant en bon ordre droit à la ville où Barberousse n'était pas trop en sûreté — parce qu'il avait peu de Turcs, et qu'il se défiait des Maures, — particulièrement si le gouverneur de Ténès venait par terre, comme le bruit en courait. Voyant que ceux d'Alger détournaient leur argent et leurs pierreries, et que quelques-uns emmenaient leurs femmes et leurs enfants, il fit défense de sortir sous peine de la vie, se faisant fort de les défendre avec sa garnison.

« Sur ces entrefaites, arrivent les Arabes et les Berbers de son parti, qui escarmouchèrent quelque temps contre les Chrétiens, avec assez de perte de part et d'autre. Moncada, considérant qu'il ne lui arrivait point de secours de Tlemcen et de Ténès, et que le nombre des ennemis augmentait tous les jours, craignit quelque trahison et embarqua tous ses gens la nuit ; cependant, le lendemain matin, il reçut nouvelle du gouverneur de Ténès, qui lui mandait qu'il arrivait à son secours avec de grandes troupes. Cela l'arrêta encore cinq jours, au bout desquels, voyant que son armée n'était pas suffisante pour attaquer la ville et défendre son camp, il commanda de faire aiguade, en résolution de partir.

« Mais, sur le soir, presqu'à soleil couché, il s'éleva un vent d'orient si impétueux que tous les petits vaisseaux et

quelques gros navires se brisèrent contre la côte ; le reste
relâcha en pleine mer et se sauva à grand'peine. Entre autres
vaisseaux qui firent naufrage, il y en avait un où était une
partie des soldats du régiment de Naples et plusieurs gen-
tilshommes et officiers, parce qu'il était fort grand et chargé
de beaucoup d'artillerie, de munitions et de vivres. Ils se dé-
fendirent vaillamment contre les Maures, et se fussent tous
sauvés s'ils eussent attendu deux jours ; car les galères retournèrent après la tourmente pour recueillir les débris du
naufrage. Mais, auparavant, Barberousse sortit de la ville et
leur envoya un Maure qui portait un étendard de paix, leur
donna la parole qu'il les mettrait en liberté et leur fournirait
des vaisseaux pour repasser en Espagne, pourvu qu'ils lui
rendissent les armes et l'artillerie. A quoi ils consentirent,
quoiqu'ils fussent encore assez forts pour se défendre quelque temps dans le navire. Dès qu'ils furent descendus à
terre, les Arabes se voulurent jeter sur eux, mais Barberousse
envoya 200 Turcs pour leur servir d'escorte. Comme ils furent devant lui, il demanda aux officiers si la noblesse ne devait pas tenir sa parole à la guerre. Ceux-ci ayant répondu
que oui : « Martin de Argote, leur dit-il, donna parole aux
« Turcs qui étaient dans la Kalaa (des Beni Rachid) de les
« laisser aller et les fit tous tuer après. Vous servirez de re-
« présailles — continua-t-il — mais je ne vous ferai point
« mourir et me contenterai de vous retenir pour esclaves. »
« Cette victoire acquit du bien et de la réputation à Barberousse. Cela arriva l'an 1517 (1), au temps que Martin de
Argote fut tué avec son frère au siége de Tlemcen. »
On a vu que, selon Gomara, l'expédition eut lieu en 1523 ;
et en 1517, d'après Marmol et l'Aperçu. Comme il est parfai-

---

(1) Selon l'Aperçu (p. 19), Hugo de Moncada fut en vue
d'Alger le 16 août 1517, avec une flotte de 26 vaisseaux et
6,000 hommes de débarquement. Une tempête qui s'éleva le
24 fit périr la plupart des vaisseaux et environ 4,000 hommes.

tement établi qu'elle se fit après la mort d'Aroudj que des documents authentiques fixent au commencement de 1518, nous avons dû adopter cette dernière date.

De tous les auteurs que nous venons de citer, Haedo est le seul qui semble dire qu'il n'y eut pas de débarquement, version qui ne peut se soutenir devant l'accord des autres autorités sur ce point essentiel.

Voici, du reste, le résumé de l'expédition, extrait des témoignages contemporains que le lecteur vient de lire et de quelques autres qui les compléteront et les éclairciront.

Par ordre de l'empereur Charles-Quint, Don Hugo de Moncada, prieur de Messine, bailly de Sainte-Euphémie, vice-roi de Naples, était parti de Sicile (en juillet 1518) avec 4,500 soldats espagnols de vieilles troupes. Après avoir pris, en passant à Bougie, quelques soldats que Perasan de Ribera, gouverneur de cette place, avait ordre de lui fournir, il s'était dirigé sur Oran pour s'entendre avec le marquis de Comarès et afin de combiner ses mouvements avec l'armée arabe de Tlemcen, qui devait aussi marcher sur Alger. C'était déjà un bien grand détour et qui l'éloignait beaucoup du but de son expédition ; mais ce ne fut pas tout. Si l'on s'en rapporte à Marmol, il s'arrêta pendant quelque temps à faire des razias dans la plaine du Sig. Il ne put donc commencer ses opérations qu'aux approches de l'équinoxe d'automne, époque toujours dangereuse pour les entreprises de ce genre.

Sans doute, le sultan de Tlemcen n'était pas encore prêt à prendre la campagne ; et comme son concours était jugé nécessaire, le général crut devoir l'attendre et utiliser ce délai en ajoutant ces quelques razias à celles que le marquis de Comarès venait de faire dans les environs d'Oran. C'était d'ailleurs préparer ses troupes au genre de combats qu'elles auraient à livrer et à soutenir devant Alger.

Enfin, le 17 août 1518, Kheir ed-Din, qui attendait l'attaque du sultan de Tlemcen, alors arrivé très près d'Alger, aperçoit subitement la flotte chrétienne s'avançant à pleines

voiles. En vue dès midi, elle était mouillée tout entière sur
le rivage — ou, même, *devant Alger*, selon le *Zohrat* — vers
quatre heures du soir. L'armée débarquait le même jour, au
moins partiellement, au Sud de la ville, et non loin de ses
murs. Ce dernier point paraît assez probable, sans être toutefois hors de toute discussion. Cependant, un de nos deux
documents indigènes le dit expressément et l'autre le donne
à entendre. D'ailleurs, la possession du Pégnon, cette forteresse élevée à portée de mousquet d'Alger, rend très probable
un débarquement auprès de la ville. Les Espagnols emploient
les deux jours suivants à débarquer le matériel, après quoi
ils se divisent en deux corps dont l'un attaque la ville par le
Sud et l'autre par le Nord pour se rendre maîtres de la hauteur qui la domine. Leur général ayant, dès son arrivée, envoyé à Kheir ed-Din une sommation de se rendre, s'il ne
voulait éprouver le sort de ses deux frères Ishak et Aroudj,
le corsaire turc répondit militairement que c'était au sabre à
décider qui était le plus digne de posséder Alger.

Malheureusement, l'armée espagnole avait deux chefs ; car
on avait adjoint, à Hugo de Moncada, Gonzalvo Marino
de Ribera en qualité de chef de l'artillerie, avec mission spé-
ciale de diriger l'attaque de la ville, ce qui lui donnait une
grande autorité dans le conseil. Gomara prétend même que
rien ne se pouvait faire sans son avis ni son aveu.

Ici, une difficulté se présente. Cinq ans auparavant, en
1513, Gonzalo Marino de Ribera étant gouverneur de Bougie,
commit l'imprudence ou la déloyauté de rompre le premier
des trêves conclues avec les tribus environnantes, ce qui
motiva une attaque de ces indigènes contre la place et amena
l'incendie d'un de ses faubourgs. Gonzalvo fut, à cause de ce
fait, privé de son commandement et remplacé par le capitaine Don Ramon Carroz, ainsi que le raconte Mariana (t. 2e,
p. 642). Il paraîtra peu probable, peut-être, qu'un officier déplacé depuis si peu de temps et pour une pareille
cause, ait été mis sur le pied de l'égalité à la tête d'une im-

portante expédition, avec un chef tel que Hugo de Moncada.

Quoi qu'il en soit (d'après Gomara et Sandoval), Moncada maître, dès le 18, du *Koudiat es-Saboun* (colline du savon), où s'élève aujourd'hui le Fort de l'Empereur, s'y retrancha avec 1,500 hommes et voulait attaquer immédiatement la ville qu'il dominait de ce point culminant. Gonzalvo s'y opposa, prétendant qu'il fallait attendre l'arrivée du sultan de Tlemcen, dont la cavalerie contiendrait les Arabes des environs, pendant qu'on ferait le siége régulier de la ville. C'est alors qu'eurent lieu ces escarmouches qui furent toutes avantageuses aux Espagnols.

Si ce que les chroniqueurs racontent de cette dissidence est exact, c'est un nouveau point de ressemblance avec l'expédition de Diego de Vera, dont l'insuccès est en grande partie attribué à la discorde qui régnait entre ce général et son collègue Juan del Rio, ou pour mieux dire entre les capitaines placés sous ses ordres et chargés de les exécuter.

Kheir ed-Din, qui n'ignorait peut-être pas les divisions intestines dont on vient de parler, jugea que le moment d'agir était venu et fit ses dispositions en conséquence ; il avait laissé dans Alger 300 Turcs et autant de Mores pour garnison ; il divise en trois détachements les 5,000 hommes qui restent disponibles et les conduit à l'assaut des retranchements ennemis. L'abordage est si impétueux et si bien dirigé par le chef qui court sans cesse du centre aux ailes de sa petite armée, que les Espagnols se débandent et fuient vers leurs vaisseaux, absolument comme lors du désastre de Diego de Vera. La lutte fut meurtrière pour les musulmans.

Au moment où la troupe des fuyards chrétiens se précipitaient vers le rivage, une tempête survint qui les empêcha de se rembarquer pendant quarante-huit heures (21, 22 août). Ils se fortifièrent de leur mieux à l'abri de l'artillerie de la flotte. Mais Kheir ayant établi vis-à-vis de leur camp une batterie de gros calibre, ils ne cessèrent d'être inquiétés et de perdre du monde pendant la durée de la tempête.

La mer s'étant calmée, ils purent se rembarquer le 24 août ; mais à peine la flotte avait-elle quitté le mouillage que le mauvais temps recommença avec violence et jeta à la côte la plupart des navires, ce qui permit aux musulmans de faire un grand nombre de prisonniers, parmi lesquels les chroniques indigènes placent à tort le chef de l'armée et celui de la flotte (1).

Cette version, celle du *Razaouat*, autobiographie de Kheir ed-Din, s'accorde assez avec les documents européens, et nous avons dû la préférer, tout en la complétant par certains détails qu'elle omet, souvent faute de les avoir connus, et qui se trouvent dans les relations chrétiennes.

Ce n'est, en effet, qu'en étudiant cette double source d'information que l'on peut connaître la vérité, toute la vérité. Car, même en supposant dans les narrateurs du fait qui s'est passé sous leurs yeux les meilleures conditions de sincérité et d'exactitude, les Espagnols ont nécessairement ignoré beaucoup de choses qui se sont passées dans le camp des ennemis, de même que ceux-ci n'ont pas connu tout ce qui s'est fait dans l'autre. Il faut donc les contrôler et les compléter les uns par les autres.

Il est à remarquer que Hugo de Moncada fit la même faute que Diego de Vera, en prenant terre presque sous les murs de la place, c'est-à-dire à portée de ses défenses et en même temps dans l'endroit où les montagnes sont le plus rapprochées du littoral. C'était compliquer l'opération toujours si difficile d'un débarquement sur une côte ennemie.

Charles V et O'Reilly le comprirent et firent descendre leurs troupes auprès et en deçà de l'Harrache. Mais il restait toujours l'inconvénient de n'avoir pas une sorte de place d'armes inexpugnable pour les indigènes à l'endroit même du débarquement, afin de posséder, dès le principe, une base

_____

(1) Le *Zohrat* ne parle que du chef de la flotte, auquel il donne le titre de *djenran* (général).

d'opérations solide et un lieu assuré de refuge en cas d'insuccès. La désignation de la presqu'île de Sidi Feruche, faite
en 1808, par le colonel Boutin, et utilisée en 1830, a sous-
trait l'armée française à toutes les mauvaises chances qui ont
causé les échecs des expéditions espagnoles.

Cette grande victoire inaugura la réputation de Kheir ed
Din parmi les chrétiens, qui commencèrent à le désigner
sous le sobriquet de *Barbaroja*, que nous traduisons par *Barberousse*.

1529 LA CROISADE DE LÉON X. PRISE ET DESTRUCTION
DU PÉGNON D'ALGER.
DÉFAITE ET MORT DE PORTUNDO, GÉNÉRAL DES GALÈRES
D'ESPAGNE.
CONSÉQUENCES DE LA CHUTE DU PÉGNON.

Nous voici arrivé au dernier acte du drame de dix-neuf ans
qui eut le Pégnon d'Alger pour théâtre, et dont les documents qui accompagnent la chronique de Gomara ont fait
connaître la nature et les développements essentiels. La vie
de privations, de dangers et de souffrances si bien décrite
dans la correspondance du gouverneur Nicolao de Quint et
de ses officiers fut très probablement la même pour ceux qui
leur succédèrent. Avant d'écrire le dénouement tragique de
cette funèbre histoire, il faut parler de l'état des affaires
d'Europe par rapport à l'Afrique, à l'époque où ce dénouement
eut lieu. Cette digression aura d'ailleurs l'avantage d'achever
de porter la lumière dans quelques parties de notre notice
demeurées obscures.

En racontant, à l'année 1518, l'échec de Moncada, nous
avons dit un mot des efforts du pape Léon X pour organiser
une croisade contre les Turcs, en Europe, en Asie, même
en Afrique ; partout, en un mot, où la victoire avait établi ces
redoutables champions de l'islamisme, qui semblaient vouloir reprendre alors le rôle de conquérants joué par leurs
ancêtres religieux dans le courant du septième siècle. La
crainte de couper le récit par une trop longue digression, l'o-
bligation de ne pas devancer l'ordre des temps pour la plu-

part des faits qui se rapportent à cette entreprise avortée, nous ont décidé à remettre d'en parler à l'époque où nous sommes arrivés maintenant. Nous le ferons aussi succinctement que possible.

Entre les expéditions de Vera et de Moncada, le sultan Selim s'était emparé de la Perse, de l'Egypte et de la Syrie. Cette dernière conquête, qui le rendait maître de Jérusalem, avait surtout retenti douloureusement dans le cœur de la chrétienté, et le pape Léon X s'en était ému, autant comme politique que comme pontife. Car il prévoyait que les Turcs ayant abattu tous leurs rivaux en Orient, l'Occident chrétien restait en butte à l'ardeur de fanatisme et d'ambition qui les dévorait alors. Les progrès des armes musulmanes en Dalmatie et en Croatie les avaient d'ailleurs amenés dans le voisinage de l'Italie, dès 1516 ; et, l'année suivante, l'apparition d'un grand nombre de corsaires turcs dans les environs de la Sardaigne et de la Corse décida Léon X à réclamer la protection de François Ier, pour protéger le littoral italien contre leurs déprédations.

Mais ce pape, convaincu que le danger avait une portée beaucoup plus grande et menaçait toute la chrétienté, chercha, en 1517, à armer les principales puissances d'Europe contre la Turquie; il se déclara d'avance chef de cette ligue sainte et proclama une trève de cinq ans entre tous les Etats naturellement appelés à entrer dans cette coalition, menaçant de l'excommunication ceux qui troubleraient désormais la paix européenne. Les théologiens, les poètes et les orateurs applaudirent à cette résolution et décernèrent, par anticipation, le titre de libérateur du monde chrétien à celui qui en avait pris l'initiative.

Mais dans les régions de la politique, où l'on ne connaît guères ces entraînements généreux, on ne montra pas le même enthousiasme. Cependant l'empereur Maximilien, alors le régulateur de l'Europe, parut entrer dans ces vues, et dressa même contre les Osmanlis un plan général d'attaque dans toutes les parties du monde. En ce qui concerne l'Afrique, il proposait de faire l'été suivant (en 1518) une expédition qui raffermît sur leur trône les rois indigènes que les Barberousse n'avaient pas encore soumis à leur domination, tels que ceux de Tlemcen, Fez et Maroc. En attendant que les rois de France et de Portugal, à qui cette partie de l'attaque générale était particulièrement destinée d'après ses plans, fussent en mesure d'entrer en ligne, Maximilien proposait d'envoyer à ces souverains, restés indépendants, des ambassadeurs pour les informer de ce qui se préparait, les exhorter à entrer dans les vues de la coalition et à y gagner leurs sujets, Mores, Berbers ou Arabes; cela ne semblait pas difficile d'après ce que ceux-ci avaient eu à souffrir de la part du tyran Barberousse. (*Négociations dans le Levant, sous François I*er, t. I*er, p. 58.)

Un autre passage emprunté au même document (page 60) complète et date celui qui précède.

« La seconde année de l'expédition africaine projetée, dit l'Empereur, et qui sera l'année *mil cinq cent dix-neuf*, le césar Maximilien et le roi de Portugal pourront donner de l'extension à ladite expédition et aller au-delà du Caire et d'Alexandrie, en augmentant leurs forces par des auxiliaires stipendiés, Africains, Mauritaniens et Arabes; d'autant plus qu'il est facile de rassembler, principalement dans le Maroc, jusqu'à cent mille hommes de cette catégorie, etc. »

Notre roi si chevaleresque, François Ier, devait être de tous les souverains de l'époque le plus disposé à entrer dans les plans de Léon. D'ailleurs, il disait lui-même aux commissaires de la croisade, dans des lettres missives, de 1518 (V. *histoire des Croisades, de Michaud*, tome 5, p. 431), à propos d'une invasion de quelques musulmans d'Afrique, dans les îles d'Hyères et sur les côtes voisines de Toulon et de Marseille : « Nous vous avertissons pour le faire savoir et « prêcher que, puis naguères, les Maures et les Barbares, « infidèles et ennemis de notre divine foi, ont couru et sont

« venus à grande puissance jusqu'aux îles de notre comté de
« Provence, et ils ont pris, ravi et emmené plusieurs chré-
« tiens pour les tourmenter et livrer à martyre. »

Mais il y avait, contre les projets de Léon X, des opposi-
tions de diverses natures, ouvertes ou déguisées, et qui ex-
pliquent leur avortement.

La plus étrange et la plus bruyante fut celle du parti de
la Réforme religieuse. Ainsi, Luther alla jusqu'à soutenir dans
un assez grand nombre d'écrits que *combattre le Turc, c'était
résister à Dieu qui s'en servait comme d'une verge pour punir
les Chrétiens de leurs péchés.*

Pendant que Léon X répondait par les foudres de l'excommunication à cette proposition téméraire et mal sonnante, au
point de vue de la civilisation plus encore que sous le rapport
théologique, l'ingénieux Erasme la combattit avec les simples
armes de la raison, dans un grand nombre de lettres adres-
sées aux divers souverains.

Mais l'écueil le plus dangereux sur lequel devait se briser
le plan de Léon X, était une opposition occulte que personne
ne formulait, que nul n'aurait osé avouer, celle des souverains
enrôlés bon gré mal gré dans la ligue sainte. Chacun d'eux
avait ses passions et ses intérêts que la croisade gênait plus
ou moins ; ainsi, par exemple, Maximilien s'était arrangé de
façon à procurer à son petit fils Charles-Quint, au détriment
du roi de France, le rôle le plus beau et le plus profitable.
Aussi, François Ier se contenta-t-il de donner de bonnes paroles au pape, manœuvrant en définitive, de manière à ne rien
exécuter d'effectif.

Mais nous avons assez parlé de cette grande affaire dans
ses relations avec le sujet spécial qui nous occupe. Conten-
tons-nous de dire que la nomination de Charles V à l'empire
(1519), refroidit François Ier pour Léon X et sa croisade, qu'il
n'avait jamais adoptée du reste ostensiblement que dans l'in-
térêt de sa candidature au trône des Césars. D'un autre côté,
'opinion publique se fatigua d'attendre et Léon X lui-même,

découragé par le mauvais vouloir ou l'inertie de ses coopérateurs naturels, abandonna ses projets de croisade et se consacra tout entier à combattre les progrès de la Réforme qui levait décidément l'étendard contre Rome, en Allemagne. D'ailleurs, la mort de Selim Ier (22 septembre 1520) rassurait les esprits que les continuelles entreprises de ce conquérant avaient si fort inquiétés.

Il résulte néanmoins de tout ce qui précède, que l'expédition de Hugo de Moncada dut être un commencement de la croisade papale, en ce qui concernait l'Afrique.

Les événements qui suivirent cet échec et qui dessinent une nouvelle situation européenne peuvent se résumer en quelques mots.

Soliman II, successeur de Sélim Ier, trompa les espérances de l'Europe en se montrant non moins guerrier que son prédécesseur. Dès la seconde année de son règne, il s'empare de Belgrade, boulevard de la chrétienté du côté de la Hongrie. L'année suivante, il se rend maître de l'île de Rhodes. La perte de la bataille de Pavie et la captivité de François Ier déterminent les premiers rapports diplomatiques entre la Turquie et la France (1525) : à partir de cette époque, François Ier fut toujours l'allié du grand sultan, avec les ménagements extérieurs que son titre de Roi très chrétien et les circonstances lui imposaient. Grâce à cette alliance tacite et à d'autres circonstances favorables, les Turcs font de tels progrès en Europe qu'ils arrivent jusqu'aux portes de Vienne.

C'est alors que Charles V était le plus embarrassé par ces complications européennes, que Kheir ed Din entreprit de se rendre maître du Pégnon.

Le dernier désastre qui nous reste à raconter — la perte du Pégnon — achève de ruiner les grands projets de l'Espagne sur l'Afrique septentrionale : forcée de retirer le pied puissant qu'elle avait posé sur la gorge de la piraterie barbaresque, la noble nation castillane fera plus d'une tentative héroïque pour l'y replacer ; mais ses efforts seront vains.

désormais ou sans résultats durables. Elle n'aura versé tant d'or et de sang que pour obtenir, en définitive, la possession stérile de quelques présides, dont Oran ne sera le plus important de tous, que parce qu'il avait l'onéreux avantage d'être une prison plus vaste pour la garnison qui l'occupait.

Après de pareilles catastrophes qui diminuaient la grandeur de l'Espagne au dehors et compromettaient la sécurité de son propre littoral, comment M. Mignet, biographe le plus récent de Charles-Quint, a-t-il pu dire de ce monarque :

« Il n'avait donc, en 1535 et 1539, aucun sujet extérieur
« de déposer le pouvoir, *puisque la fortune n'avait pas encore*
« *ébranlé sa confiance par des revers...* » (p. 11.)

Les trois dates néfastes de 1516, 1518 et 1529 protestent énergiquement contre cette assertion téméraire.

L'historien Robertson, prédécesseur de M. Mignet, ne passe pas comme lui ces trois faits si considérables sous silence ; mais il englobe dans le court paragraphe qu'on va lire, toute la funèbre trilogie dont les héros malheureux furent Vera, Moncada et Vargas. Il ne nomme aucun d'eux toutefois, ne désigne aucun lieu, laisse les évènements flotter dans une douteuse pénombre. Il ne se rappelle la précision imposée à celui qui tient la plume de l'histoire que pour citer une date Et cette date est fausse.

Écoutez-le, du reste, raconter ces lamentables aventures.

« Ximenès ne fut pas si heureux en Afrique, dans la guerre
« qu'il fit au fameux aventurier Horouc Barberousse (Aroudj),
« qui de simple corsaire parvint par sa valeur et son habi-
» leté à se faire roi d'Alger et de Tunis. La mauvaise conduite
« du Général espagnol et la bravoure téméraire des officiers
« procurèrent à Barberousse une victoire aisée. Un grand
« nombre d'Espagnols perdirent la vie dans la retraite ; le
« reste retourna en Espagne couverts d'ignominie. » (Tome Ier, année 1513, p. 151 de la traduction).

Et c'est tout ! l'Espagne perd une flotte et une armée en 1516 et en 1518 ; elle perd une héroïque garnison en 1529 ;

et avec elle la tête de pont que la civilisation chrétienne avait gagnée sur la barbarie musulmane. Et des biographes de Charles-Quint, sous qui ces graves évènements ont eu lieu, l'un trouve qu'il a été heureux sans mélange jusqu'en 1535 et même 1530 ; l'autre passe deux de ces échecs sous silence et raconte le troisième en quelques lignes où la chronologie et l'histoire sont également altérées.

Ces erreurs et ces lacunes dans des écrivains aussi distingués, démontrent bien la nécessité de refaire l'histoire d'Afrique, en débutant par la recherche des matériaux restés inédits. L'érudition les comparera et les discutera plus tard ; et le talent littéraire les dotera enfin de toutes les grâces de style qui rendent la lecture des faits et gestes de l'humanité accessible et agréable aux plus simples intelligences.

Mais nous, à qui est échue la tâche la plus modeste, abordons, après une digression très utile à notre sens et dont beaucoup de lecteurs comprendront le but, abordons enfin le dénouement de la tragique histoire dont le Pégnon d'Alger fut le sanglant théâtre.

Dans le récit que nous allons donner, nous suivrons l'ordre que nous avons adopté jusqu'ici, en présentant les diverses narrations des contemporains, que nous discuterons et dont nous résumerons ensuite les traits essentiels.

Gomara raconte ainsi la prise du Pégnon (p. 66, etc.), qu'il place au 21 mai 1529 :

« Le pégnol ou pégnon, comme d'autres disent, est un écueil dans la mer où l'on avait bâti (en 1510) un château assez fort qui avait en permanence une garnison espagnole et d'où l'on faisait continuellement beaucoup de mal à la ville (d'Alger). Kheir ed Din pour se débarrasser de ce poste dominant, combattit sérieusement et longtemps cette forteresse. A la suite de ces luttes répétées et par la longueur du siége, la poudre manqua aux Espagnols. Barberousse s'en aperçut très bien en voyant que le château tirait très peu. Cela fit qu'il le resserra d'autant plus ; avec 18 couleuvrines ou ca-

nons de bronze qu'il avait faits, il démolit tout ce qu'il y avait
de tours et défenses. La garnison ne pouvant plus tenir comme
elle en avait l'intention, fit connaître sa situation à S. M qui
était alors à Barcelone en partance pour aller se faire couronner en Italie, le suppliant de les approvisionner et secourir le plus promptement possible s'il voulait conserver sa
place et garder ce pied sur le cou de Barberousse, cet ennemi si puissant et si voisin de l'Espagne, et qui commettait
tant de pillages et de meurtres dans ses États. L'empereur
les oublia au milieu des grandes affaires dont il était alors
occupé et il n'envoya pas le secours que cette garnison ré-
clamait (1).

« Pendant que cette dépêche était en route, Kheir ed Din
fit proposer aux Espagnols du Pégnon de se retirer de ce poste,
et qu'il les laisserait aller libres en Espagne, emportant armes, artillerie et tout ce qu'ils avaient dans le fort qu'ils lui
abandonneraient pacifiquement.

« Il s'engageait, de son côté, à leur fournir les otages et
sûretés qu'ils indiqueraient. Le capitaine et ses soldats re-
fusèrent, répondant qu'ils aimaient mieux mourir en défen-
dant la place qu'on leur avait confiée, que de vivre en la
livrant. Cela se peut plutôt appeler folie que vaillance puisqu'ils n'avaient ce qu'il fallait pour se défendre ni espérance
certaine de secours (on voit bien que Gomara est prêtre).

« Kheir ed Din aurait voulu éviter la lutte, de peur d'y perdre beaucoup de monde, mais après cette réponse et voyant
que la garnison était décidée à mourir, il résolut de les
attaquer très vigoureusement avant qu'il leur vint des secours
de n'importe où et d'assaillir le château et l'emporter de vive
force, quoiqu'il dût lui en coûter en morts. Il n'y avait pas

(1) Charles-Quint songeait alors à aller se faire couronner
empereur à Rome. Il fallait pour cela se réconcilier d'abord
avec le pape, ce qu'il effectua au commencement de cette année 1529.

plus de 150 Espagnols pour garder le Pégnon, plus 21 femmes qui les servaient.

« Dans la matinée du vendredi 21 mai 1529, il entoura le Pégnon avec 45 galères, fustes, brigantins et grandes barques, portant tout ce qu'il avait de turcs et de mores. Il l'aborda résolument, battit et combattit si rudement le château et Pégnon, que si les Espagnols eussent été plus nombreux et bien approvisionnés, il aurait triomphé; à plus forte raison lorsqu'il les trouvait sans abri et mal pourvus de poudre qui était leur principale défense. Les 150 Espagnols combattirent depuis le matin où l'on commença à battre leurs fortifications jusqu'à midi que les ennemis arrivèrent très bravement à l'assaut. Ils eurent pendant tout ce temps 8,000 Mores et Turcs sur les bras; et si un capitaine qui défendait résolument une maison n'était pas mort, ils auraient bien pu tous succomber, mais l'ennemi n'aurait pas pénétré sitôt dans la place. De 150 qu'ils étaient, 25 restèrent vivants, captifs, grièvement blessés et bien tristes de vivre encore.

« Kheir ed-Din demeura très fier de cette victoire — quoiqu'elle lui eût coûté un assez grand nombre des siens — car Alger était enfin libre de sa garnison d'Espagnols (1).

« Sitôt après la prise du Pégnon, il fit démolir le château et détruire toute la fortification qu'on y avait faite, et y fit faire le très gentil belvéder et port qu'il possède aujourd'hui. Un peu après avoir pris les Espagnols du Pégnon, il fit brûler le capitaine alcayde de ce poste, fit couper la tête à quelques prisonniers et subir à d'autres des tourments insupportables. »

----

(1) Laugier de Tassy dans son *Histoire des Etats Barbaresques* (t. 1, p. 62) raconte ceci sans indiquer à quelle source il puise le fait : Un vaisseau français échoua sur la côte d'Alger. Le capitaine vint demander au vice-roi la permission de transporter sa cargaison et de radouber le navire ; ce qui lui fut accordé. Pendant qu'on travaillait à cet ouvrage, Chérédin (Kheir ed-Din) employa les canons du vaisseau pour battre le fort

Le récit de Haedo diffère sur très peu de points de celui de Gomara qu'il complète. La divergence la plus grande est la date de la prise du Pégnon. L'un la place au 21 mai 1530, l'autre au 21 mai 1529, date qui a été adoptée par Sandoval et qui paraît la véritable par les raisons que voici :

Une chronique arabe inédite appartenant à la bibliothèque d'Alger, offre cette mention :

« 935. Alger affranchi du joug des Chrétiens. »

Il est évident que ceci se rapporte à la prise du Pégnon.

Un autre manuscrit arabe, n° 681 du même établissement, place également à l'année hégirienne 935 ce qu'il appelle l'ère d'Alger, expression qui ne peut se rapporter qu'à la prise du Pégnon d'où date, en effet, l'ère de l'indépendance d'Alger.

Cette année 935 est comprise entre le 15 septembre 1528 et le 5 septembre 1529. Le 21 mai 1529 s'y trouve donc contenu. Cet accord si rare entre deux documents indigènes et de ceux-ci avec les sources européennes milite beaucoup en faveur de la date donnée par Gomara.

Haedo ajoute au motif exprimé par Gomara le désir que Kheir ed-Din avait de posséder un port à Alger et de ne plus être obligé de tirer à grand'peine les navires musulmans sur la plage de Bab-el-Oued et de n'offrir aux bâtiments chrétiens appelés par le commerce ou d'autres motifs que le mouillage du Palmier (entre Sidi-Abd-el-Kader et l'ancienne porte Bab-Azzoun), où ils étaient en perdition pour peu qu'il survînt du gros temps. Son parti était donc bien arrêté de se rendre maître du Pégnon, lorsqu'une circonstance assez bizarre vint hâter l'exécution de ce projet. Deux jeunes Mores s'étaient rendus dans l'île, prétendant avoir l'intention de se faire chrétiens. Le gouverneur Martin de Vargas les accueillit fort bien et les garda dans sa propre maison. Mais le jour de la résurrection de JésusChrist, alors que toute la garnison était à la messe, les jeunes Mores, soit pour faire des signaux, soit pour s'amuser, arborèrent un drapeau sur une des tourelles et l'agitèrent en vue de la ville. Une femme espagnole remarqua ce manége et courut avertir le gouverneur qui, sans plus ample information, fit pendre aux créneaux les deux coupables — qui n'étaient peut-être que deux étourdis — du côté qui fesait face à la terre ferme. Les gens d'Alger remarquèrent les cadavres et avertirent Kheir ed-Din, qui crut ou feignit de croire que c'était une insulte à l'islamisme. Il n'eut pas de peine à surexciter ainsi le fanatisme des siens et à les préparer convenablement à l'entreprise qu'il méditait.

« Cependant, il voulut d'abord essayer des moyens pacifiques et envoya en parlementaire un de ses renégats qu'on appelait le caïd Ouali, afin de sommer le gouverneur du Péguon de se rendre, ce qui amena le refus dont on a déjà parlé. Mais comme il se doutait bien que l'affaire ne se terminerait point pacifiquement, il fit établir une batterie sur un terre-plein qu'il avait fait faire en face de l'île et de sa forteresse.

« La colère de Kheir ed-Din s'était accrue par la réponse fière et méprisante de Martin de Vargas. Le hasard voulut qu'en ce moment il y eût au mouillage d'Alger un galion de France qu'on appelait le navire de Frajuanas (un chevalier français de l'ordre de St-Jean de Malte). Il y prit un grand et fort canon de bronze, avec lequel et d'autres grandes pièces qu'il avait depuis longtemps déjà, il commença bientôt à battre le Péguon furieusement nuit et jour. Il entama le feu le 6 mai et le continua pendant quinze jours sans discontinuer : les Turcs abattirent ainsi deux grosses tours et leurs courtines. (V., ci-avant, la note de la page 93.)

« Un vendredi matin avant le lever du soleil, le 21 mai, Barberousse alla à l'assaut avec 14 galiotes pleines d'hommes choisis, parmi lesquels il y avait 1,000 à 1,200 escopetiers, 200 archers turcs et beaucoup de gens armés de flèches. Les Chrétiens étaient peu nombreux, tous blessés et fatigués, et ne purent empêcher les Turcs de débarquer au pied de la muraille abattue. Il ne se trouva de vivants que le capitaine Martin de Vargas, grièvement blessé et 53 soldats très maltraités et à peu près hors de service. Il y avait aussi trois femmes, dont deux Espagnoles, l'une desquelles au moment où j'écris, vit encore et est au caïd Ramdan ; une troisième, majorcaine, vit aussi et est belle-mère de Hadji Mourad et aïeule de la femme de Moula Melouk (Malek), qui fut roi de Fez et de Maroc »

Haedo dit que Kheir-ed-Din, fit mourir le brave Martin de Vargas sous le bâton ; et il raconte cette exécution barbare avec détails, dans le chapitre des martyrs.

Une fois maître de l'île, Kheir ed-din fit démolir la citadelle jusqu'aux fondements ; et, par l'immense travail de plusieurs milliers de captifs chrétiens, il fit la jetée qui rattache l'île à la terre ferme et obtint en trois ans le port d'Alger, tel que nous l'avons trouvé en 1830.

Le *Zohrat* — dont nous avons trouvé le récit conforme, ou pour mieux dire identique à celui du *Razaouat*, en ce qui concerne l'expédition de Hugo de Moncada, ne s'étend pas sur la prise du Pégnon, qu'il se contente de mentionner en quelques mots.

Quant au récit du *Razaouat*, en voici l'analyse :

Les motifs de Kheir ed-Din pour tenter l'attaque du Pégnon furent ceux-ci : Ce château surveillait sans cesse ses opérations maritimes et contrariait ses projets de domination sur la mer. D'ailleurs, la garnison du fort fesait tous les jours de nouvelles insultes aux habitants d'Alger.

Kheir ed-Din somme le gouverneur de mieux contenir ses gens dans les bornes de l'équité ; sinon menace de les sacrifier tous à sa légitime vengeance.

Le Pégnon était solidement construit et rien n'avait été négligé pour le rendre imprenable ; il était même considéré comme une des forteresses les plus importantes que les Chrétiens possédassent.

Là-dessus, la chronique indigène rappelle que sa vue était

comme une épine aiguë qui perçait le cœur des Algériens.

Le *Razaouat* prétend — ce qui n'est pas exact — que toute la chrétienté contribuait à l'entretien de ce château.

Quand Kheir ed-Din résolut l'attaque, il manquait de poudre et venait d'ordonner d'en fabriquer en toute diligence, lorsqu'il apprit que des corsaires de Gerba avaient pris un bâtiment vénitien qui en était chargé. Il fit acheter par un de ses officiers cette cargaison, ainsi que quelques grosses pièces d'artillerie dont il avait un pressant besoin.

Il se prépara à son entreprise par le jeûne et la prière. La nuit du jour qui précéda l'attaque, il la passa tout entière en oraison.

A l'aube (un vendredi), il fit établir une batterie sur un des forts d'Alger qui se trouvait situé vis-à-vis du château des Chrétiens et donna l'ordre de commencer le feu.

Le *Razaouat* prétend que les Chrétiens avaient eu connaissance des préparatifs de Kheir ed-Din, ce qui est vrai ; mais il ajoute qu'ils avaient reçu de leur pays des secours extraordinaires, ce qui n'est pas exact. Dès que la garnison eut entendu les premiers coups de canon, elle fit pleuvoir sur la ville une grêle de balles et de boulets, pointant surtout contre les minarets dont ils abattirent une grande partie, entr'autres celui de la grande mosquée ; détruisant également la plupart des maisons qui dominaient les autres et n'étaient pas garanties par les remparts. Cette lutte, peu avantageuse pour les Algériens dura une semaine entière. Le vendredi suivant, les Turcs demandèrent et obtinrent l'assaut.

Embarqués sur des bateaux, ils arrivent au pied des murailles de la forteresse à travers les balles et les boulets ; ils dressent les échelles et entrent enfin dans la place.

On trouva dans le Pégnon, dit le *Razaouat*, 500 hommes de garnison et un butin immense en munitions de guerre de toute espèce ; ce qui est une exagération manifeste.

Kheir ed-Din ordonna aussitôt la démolition du château, pour que les Chrétiens ne fussent pas tentés de le reprendre ; et des matériaux il fit faire la chaussée qui joint maintenant le littoral à l'îlot et ferme le port du côté du Nord.

Il employa les prisonniers du château à réparer les dommages faits à la ville par l'artillerie du Pégnon, leur disant : Puisque vous avez détruit Alger, il est bien juste que vous le rebâtissiez.

Le *Razaouat* raconte que le roi d'Espagne expédia neuf vaisseaux chargés de combattants et de munitions pour secourir le Pégnon dont ils ne trouvèrent plus de trace en arrivant dans la rade d'Alger. Ils virèrent de bord, mais la flotte musulmane les atteignit et leur prit 2,700 prisonniers, plus ceux qu'on avait tués.

Kheir ed-Din a même eu le projet de prendre Charles-Quint entre Barcelonne et Gênes (1, p. 229). Car, à cette époque, en effet, Charles-Quint ayant réglé les affaires de Castille et laissé l'Impératrice pour gouvernante du royaume, se rendit à Sarragosse au mois de mars. Il tint les cortès d'Aragon à Monzon, puis alla à Barcelone sitôt qu'on eut fait les préparatifs de son embarquement ; c'est là qu'il signa le traité d'alliance avec le Pape. Enfin, il s'embarque pour Gênes vers la fin de juillet ou au commencement d'août 1529, avec une armée de 8,000 Espagnols, 1,000 chevaux, et arriva sans accident à Gênes, où Doria le conduisit dans un navire très orné (Mariana, t. 2e, p. 103 et 104).

Il est probable que la manière imposante dont Charles-Quint était accompagné empêcha Kheir ed-Din de donner suite à son projet de le prendre au passage.

Quant au supplice de Don Martin de Vargas, il n'en est pas question dans le *Razaouat*, mais seulement d'une exécution de vingt captifs espagnols à la suite d'une conspiration où le Guardian Bachi avait joué le rôle d'agent provocateur.

Marmol, dont les erreurs sont fréquentes, dès qu'il cesse de copier textuellement son compatriote Léon, dit à la page 342 de son deuxième volume : « Il (Kheir ed-Din) fortifia la ville d'Alger, *prit le Pégnon de Velez* sur les chrétiens et fit un grand môle dans la mer pour mettre à couvert ses vaisseaux. » Il est évident que ce passage se rapporte au Pégnon d'Alger et non à celui de Velez. Puis, à la page 400 du même volume, Marmol, oubliant ce qu'il a dit précédemment, écrit : « Salharraès (*Salah Rais*) a joint l'île (d'Alger) à la terre ferme, par le moyen d'un môle, se servant pour cela des pierres de quelques anciens bâtiments de la ville de Métafus (*Matifou* ou mieux *Tamentfoust*). En outre, il raconte (p. 402) la prise du Pégnon d'Alger, mais qu'il appelle cette fois de son véritable nom.

Il est difficile à un historien de se montrer plus confus et plus inexact.

Le secours dont parle le *Razaoual* fut envoyé tardivement au Pégnon d'Alger. On en a la preuve dans une lettre écrite de Barcelone, le 12 mai 1529, par l'empereur Charles-Quint à l'impératrice, pièce qui porte le n° 24 dans l'Appendice de la Chronique de Gomara.

Par lettre du 8 mai, l'impératrice avait annoncé à son mari que Kheir ed-Din assiégeait le Pégnon d'Alger et les mesures qu'elle avait prises à ce sujet. L'empereur approuve et ajoute que la personne chargée de conduire le secours sera Jorge Ruiz de Alarcon, corrégidor de Murcie et Carthagène ; attendu qu'il a été pourvu de ces fonctions précisément en prévision d'éventualités de guerre de ce genre. Il dispose qu'au lieu des deux navires de 300 tonneaux désignés par l'impératrice pour cette expédition, on enverra deux carraques génoises actuellement à la solde de l'Espagne dans le port de Carthagène et qui sont bien armées et pourvues d'artillerie. « Jorge Ruiz s'y embarquera, dit-il, avec deux cents hommes valides qui soient bons escopetiers et arquebusiers avec les vivres et munitions nécessaires... Si Don Beltran de la Cueva, qui levait 500 hommes dans le marquisat de Villena pour cette expédition, n'est pas parti, qu'ils s'embarquent sur ces navires... Vous manderez à ceux qui ont charge d'envoyer

des vivres et des munitions au Pégnon d'Alger, qu'ils prépa-
rent leur envoi sans délai, afin que le secours qu'on envoie ne
soit pas retardé par ce fait...

« J'écris aussi à l'archevêque (de Bari, pourvoyeur général
de l'armada de Malaga) et au comte Don Hernando de Andrada, notre capitaine général de ladite armada, qu'il mette une
grande diligence à embarquer son monde et mette à la voile
le plus tôt qu'il pourra et que s'il leur est possible de venir
dans la direction d'Alger sans perte de temps ni navigation
inutile, qu'ils le fassent, parce que la seule vue et l'importance de cette armada suffiraient pour dégager le Pégnon. »

Pendant que Charles-Quint prenait ces dispositions, le Pégnon d'Alger soutenait depuis quelques jours les attaques de
Barbarousse et n'était pas éloigné de tomber aux mains de
l'ennemi.

La prise du Pégnon eut bien l'effet qu'on en avait redouté;
l'audace des Algériens s'en accrut considérablement et les
positions des Espagnols sur la côte de Berbérie furent sérieusement menacées Ces faits résultent de la lettre suivante de Charles-Quint, lettre où l'on voit que l'illusion
relative à l'efficacité d'une attaque du sultan de Tlemcen contre Kheir ed-Din n'était pas encore dissipée.

Cette lettre (n° 24) est écrite par Charles-Quint à l'impératrice gouvernante au sujet d'une offre de galères faite par
l'archevêque de Tolède et sur d'autres affaires. Elle est
aussi une réponse aux lettres des 11 et 15 juillet 1529 de
l'impératrice, au sujet de l'affaire d'Oran;

« ... Par lettre de l'alcalde Ronquillo, faite à Malaga le 9
de ce mois, j'ai avis que les 500 hommes qui devaient aller
à Oran étaient embarqués et avec eux le corrégidor de cette
ville. Moyennant ce renfort, j'espère — en Dieu, notre Seigneur — que ladite ville (d'Oran) sera en état de défense. Si,
par la suite des temps, il y avait nécessité de faire plus ample provision pour la sûreté de cette ville, je m'en rapporte
à vous pour le faire, quand, comment et de quelle manière

qu'il vous paraîtra. Je vous remets aussi l'affaire qui se trai-
tait avec le marquis de Comares sur les 5,000 hommes que
demandait le roi de Tlemcen pour marcher contre Barberousse. Car mon embarquement et départ est tellement im-
minent que le temps me manque pour pouvoir y aviser.

« ... De Barcelone, le 27 juillet 1529.

« MOI, LE ROI. (Contresigné) Covos. »

Les lettres suivantes, les dernières que nous fournit l'Appendice — parmi celles qui touchent de près ou de loin aux
affaires de l'Algérie — montrent que la fatalité qui s'atta-
chait aux entreprises africaines des Espagnols éclata encore
dans cette funeste année 1529 par la défaite et la mort de
l'amiral Portundo, défaite à laquelle le *Razaouat* a fait allusion à la fin du récit de l'expédition de Moncada.

Cette pièce (n° 26), datée de Gênes, 21 août 1529, est un
arrangement fait avec Rodrigo de Portundo (ou Portuondo),
capitaine général des galères de Charles V, par lequel ce
monarque le charge de la garde des côtes du royaume de
Grenade et de ses frontières (maritimes) :

« ... Ledit Rodrigue de Portuondo sera notre capitaine
général des galères (préposées à la) garde de la côte de
la mer dudit royaume de Grenade et de ses frontières
(maritimes). Dorénavant, à ma merci et volonté, il doit avoir
et aura à sa charge pour cet objet huit de nos galères, celles
qu'il choisira et voudra parmi les douze qu'il conduit d'ici en
Espagne et les cinq qui sont restées à Palamos; avec l'artillerie, les armes et les munitions qu'il lui paraîtra nécessaires d'y mettre pour notre service et pour la bonne garde
de la côte de la mer dudit royaume et de ses confins; et afin
qu'il puisse affronter et attaquer l'armada que les Turcs et
les Mores maintiennent, faisant la guerre à nos sujets et na-
tionaux avec des fustes en plus grand nombre et mieux armées que celles qu'ils avaient montées jusqu'ici...

« Quatre de ces galères, ayant chacune 113 personnes (outre les rameurs) dont 23 officiers ordinaires et un patron

qu'on appelle maintenant capitaine et les 90 compagnons saillants (*compagneros sobresalientes*), sont préposées à la garde des côtes de Grenade.

« Les quatre autres seront en observation sur la côte de Berbérie. »

« Le capitaine Portuondo aura un traitement annuel de 250,000 maravédis par an, plus le cinquième des prises faites par les huit galères. »

Si nous rapportons ci-après la défaite et la mort du général des galères espagnoles, Portundo, c'est parce que c'est en quelque sorte l'épilogue du drame de la prise et de la destruction du Pégnon d'Alger. Il est évident d'ailleurs que dans la pensée de Kheir ed-Din, l'escadre de ce marin portait le secours destiné à la garnison de la forteresse de l'île. Il le dit même expressément dans le récit dont nous avons donné l'analyse.

Des détails très curieux sur les ravages que les Barbaresques causaient alors sur les côtes d'Espagne et des renseignements sur leurs intelligences avec les Morisques, suffiraient d'ailleurs pour nous décider à donner *in extenso* les deux pièces où le désastre de Portundo est raconté.

Une lettre (nº 27) du duc de Calabre, vice-roi de Valence, à l'impératrice, lui donne ainsi avis de la défaite de Portundo et des calamités qu'on redoute pour le royaume. Elle est datée de Valence, 12 novembre 1529 et est ainsi conçue :

« J'ai déjà averti V. M. par d'autres lettres, de l'état de ce royaume et notamment des épreuves auxquelles il est soumis à cause des entreprises, des dommages et voleries que les Mores ou Turcs, ennemis de notre sainte foi catholique y font ; et qu'après qu'ils ont eu enlevé (les habitants) des villages de la baronnie de Parcent, ainsi que le seigneur de ce village et tous les Morisques de la ville de Murla, qui est au comte d'Oliva, il est survenu ceci :

« Le capitaine Portundo, informé de cette grande prise que les Mores avaient faite, se disposa à aller les chercher

avec huit galères, une fuste et un brigantin ; arrivé à l'île
d'Iviza, il apprit que les Mores étaient dans l'île qu'on appelle
Fromentera. Il y alla ; et, enfin, dans un combat avec les
Mores, il fut vaincu et pris ; six des huit galères furent enle-
vées, ainsi que la fuste. Une autre galère fut brûlée ; une
seule se sauva, comme Votre Majesté pourra le voir plus amplement par la lettre que m'a écrite le procureur du marquisat de Denia, où ladite galère vint attérir, lettre dont je joins
une copie à celle-ci.

« Ainsi, très puissante Dame, les ennemis de notre sainte
foi demeurent forts et puissants et en possession incontestée
de ces mers. Avec cela et l'espérance assurée du butin qui
leur est offert par le dépouillement de ce royaume, on prépare beaucoup d'autres entreprises (contre nous). De ce
dommage déjà si grave il en résulte d'autres ; les nouveaux
convertis de ce royaume (les Maures andalous), voyant ce qui
se passe, relèvent la tête et songent à se retirer et à se faire
des forts dans quelque localité de difficile accès, avec leur
patrimoine ; et de là se réunir pour s'embarquer, brûlant et
détruisant tout ce qui se présentera à eux ; ce qui certainement coûterait plus cher que l'affaire d'Espadan. Joignez à
cela que les classes populaires sont gâtées, et ont des inten-
tions perverses ; paraissant se réjouir de tous ces malheurs
qui surviennent, elles croient y voir un acheminement à quelques troubles qui leur permettent de reprendre les armes et
de recommencer un peu ce qui a eu lieu dans le passé... »

(N° 28) Lettre de l'Impératrice, Madrid 16 octobre 1529, au
sujet de la déroute et de la mort du capitaine Portundo :

« Le capitaine Portundo avait écrit de Gênes, annonçant
son arrivée avec les galères que Charles V lui avait ordonné
de ramener en Espagne, et pressant la mise en état de service des huit avec lesquelles il devait protéger le littoral gre-
nadin. En arrivant à Palamos, il trouva les 8,000 ducats qu'on
y avait envoyés au su de l'Empereur. D'après des lettres de
Mallorca et d'Iviza, et de l'évêque de Siguenza, Portundo ne

trouva pas à Barcelone un bon choix de gens pour mener
ses huit galères dans l'ordre qui convenait. Il les emmena à
Iviza, ainsi que deux brigantins ; là, ayant appris que la flotte
de Barberousse était à l'île de Fromentera avec beaucoup de
gens qu'on avait enlevés en même temps que les Mores du
royaume de Valence, pour les transporter à Alger, on dit qu'il
prit 200 hommes de l'île d'Iviza qu'il mit dans lesdites galères et alla chercher ladite flotte. En route, cinq de ces galères touchèrent ; lui avec les trois autres et sans attendre
qu'on fût en état de le suivre, continua sa route et combattit
l'ennemi. Il plut à notre Seigneur d'accorder à celui-ci la victoire : Portundo étant mort et ses trois galères perdues, les Turcs
les joignirent à leur escadre et tombèrent sur les cinq qui
avaient touché, en prirent quatre ; de sorte qu'une seule se
put sauver et en mauvais état. Celle-ci attérit à ladite île
d'Iviza.....

« On m'informe d'Iviza qu'il est arrivé dans cette île, un
brigantin de Bougie par lequel on a su que les gens de ces
forteresses avaient grand peur d'être assiégés par Barberousse, et que s'ils avaient eu des navires pour rentrer en
Espagne, ils auraient abandonné la place, à cause du peu de
défense et de sécurité qu'on y a pour se défendre.

« Vu la défaite et la perte desdites galères et le péril où sont
lesdites forteresses de Bougie, j'ai envoyé l'ordre à Jorge
Ruiz de Alarcon, corrégidor de Murcie, Lorca et Carthagène,
de se charger d'aller à leur secours et défense, en levant du
monde, en réunissant les munitions et autres choses qui lui
sembleraient nécessaires. Je lui ai recommandé avant tout
d'envoyer en avant 150 hommes valides et capables (*utiles*)
et quelques unes des choses qui font le plus faute dans ces
forteresses, sur quelques brigantins ou caravelles ; afin que
si comme on le suppose, Barberousse va les assiéger, il y
trouve quelque défense. D'ailleurs, cette avant-garde élé-
vera le courage de ceux qui sont là-bas, en attendant l'arrivée du secours qu'il convient d'y envoyer..... »

« Oran est dans le même péril et a le même besoin de secours ; le roi de Tlemcen a rompu la paix et s'est fait ami de Barberousse. Pour ces motifs, j'ai fait prescrire au marquis de Comares d'aller résider dans cette ville (Oran). Il m'a répondu qu'il le ferait avec plaisir pourvu que je lui mande 300 lances des gardes, qu'il lèvera pour faire la guerre audit roi ; car, allant à Oran ce ne devait pas être pour s'y trouver assiégé et contraint à ne point sortir de la ville ; qu'il avancerait l'argent nécessaire pour son passage et celui de cette troupe... »

« En considération des circonstances, l'impératrice accorde ces demandes, etc. »

Nous avons atteint le terme de cette étude sur les origines du gouvernement turc en Algérie. Avec le Pégnon tombe la dernière barrière opposée à la piraterie algérienne. On a vu ce que celle-ci entreprenait sur le littoral espagnol, de connivence avec les Maures andalous, on a vu encore, par l'extrait d'une lettre du roi de France, que nos côtes n'étaient guère plus respectées. En somme, tout le bassin de la Méditerrannée se trouvait exposé aux mêmes outrages, aux mêmes déprédations.

En Corse, les Génois élevèrent au seizième siècle une soixantaine de tours sur des promotoires pour défendre les rivages de l'île contre les descentes des corsaires musulmans de Tunis, et d'Alger, surtout. Assez grossièrement construites, elles s'élançaient de quelque sommet sauvage ou d'un roc pittoresque. Trois ou quatre soldats, avec un commandant et un gardien, en composaient la garnison. Dès qu'une barque suspecte pointait à l'horizon, on allumait le tas de bois toujours préparé sur la plate-forme ; le signal, répété par les tours voisines, faisait promptement le tour de l'île ; et chacun s'empressait de s'armer ou de se retirer à l'intérieur (DE MERCEY, la Toscane, t. 1ᵉʳ, p. 86).

Sur le littoral napolitain, de distance en distance, dans les endroits abordables, de grosses tours surmontées de cré-

neaux à deux dents et percées de larges machicoulis se
dressent sur des rocs isolés. La plupart ont été construites par
don Pedro de Tolède, lieutenant de Charles-Quint, alors que
Soliman avec l'immense flotte qui allait prendre Rhodes,
menaçait les côtes de l'antique Campanie. Chacune de ces
tours avait une garnison de soldats espagnols payés par les
habitants. Le feu allumé sur les plates-formes avertissait
ceux qui pouvaient et voulaient combattre, de se fortifier
dans leurs villages et de préparer leurs armes, et donnait
aux autres le signal de la fuite à l'intérieur (DE MERCEY, la
Toscane, t. 2ª, p. 320).

Le rivage découvert de la Sicile était aussi désolé par
les fréquentes visites de ces forbans. Profitant de l'obscurité
de la nuit, ils débarquaient inaperçus et s'approchaient
furtivement des habitations isolées. Au moyen d'une clo-
chette comme celle que porte le bétail et qu'ils attachaient
à leur cou, ils trompaient les pauvres paysans qui sortaient
sans défiance croyant que leurs mulets s'étaient échappés ou
que les bœufs du voisin dévastaient leurs champs. A quatre
pas de leurs propre demeure, ils tombaient aux mains de l'ennemi qui les chargeait de fers (FORBAIN. *Souvenirs de la Sicile*, p. 105.) ·

On a prétendu que le terrible Kheir ed Din n'a pas dédaigné
de faire la course pour enrichir le harem du sultan Soliman. Voulant faire cadeau à son souverain de la plus belle
femme du temps, Julia Gonzaga comtesse de Fondi, il avait
combiné un débarquement clandestin. Mais la comtesse,
avertie à temps, s'échappa en chemise par une fenêtre de son
château et gagna lestement la montagne, renonçant pour
cette fois à toute coquetterie (Léandro Alberti, p. 137). S'il
est douteux que le grand amiral du puissant padicha de Constantinople ait organisé une expédition et l'ait dirigée en personne, pour un pareil but, il ne l'est nullement que bien des
rapts de cette nature aient été commis par les Barbaresques.
Les enlèvements de populations sur les côtes et les captifs

faits sur mer élevaient tellement le chiffre des esclaves chrétiens qu'il y en a eu jusqu'à 24,000 à la fois dans la seule ville d'Alger.

Par un déplorable et fatal résultat, beaucoup de ces captifs devenaient des rénégats, qui arrivaient souvent aux plus hauts emplois, y compris celui de pacha. Ils apportaient dans ces pays les connaissances et les aptitudes européennes qu'ils appliquaient au perfectionnement de la piraterie, ce pivot unique des états barbaresques ; de sorte que la plaie dont souffrait la chétienté s'élargissait chaque jour par les mains de ses propres enfants.

Après tous les développements que nous venons de donner, le lecteur reconnaîtra, nous osons l'espérer, que l'histoire du Pégnon d'Alger avait plus d'importance qu'on aurait pu le croire au premier abord.

Alger. — Imprimerie de A. BOURGET, rue Sainte, 2.

www.ingramcontent.com/pod-product-compliance
Lightning Source LLC
Chambersburg PA
CBHW060632100426
42744CB00008B/1596